역사탐정 만두와 함께하는
이야기 한국사

이정환 지음 | 김은정 그림

| 추천의 글 |

처음 한국사를 접하는 학생도 재미있게 몰입하며 읽을 수 있는 책!

　이 책은 초등학교 사회과 교육과정에 대한 이해와 분석을 바탕으로, 성취기준 중심의 역사 내용을 쉽고 재미있게 다루고 있습니다. 학교 현장에서 역사를 지도하는 선생님들의 이야기를 들어 보면, 방대한 역사적 지식이 굉장히 축약되어 있어 학교에서 학생들에게 역사를 깊이 있게 전하기 어렵다고 합니다. 『역사탐정 만두와 함께하는 이야기 한국사』는 사건과 사건 사이의 개연성을 높이기 위한 배경지식들을 제공하여 사건과 사건 사이의 맥락을 더욱 이해하기 쉽게 내용을 구성하였습니다. 책을 통해 배경지식을 갖춘 학생들은 교과서의 내용을 큰 어려움 없이 이해하고 받아들일 수 있을 것입니다. 무엇보다 이 책은 어려운 용어 풀이와 구어체 표현을 통해 처음 한국사를 접하는 학생들도 부담 없이 재미있게 역사에 몰입할 수 있도록 합니다. 학생뿐 아니라 교사에게도 수업 시간에 활용할 수 있는 굉장히 유용한 책이 될 것입니다.

_노경숙, 세종특별자치시 연동초등학교장

실감 나고 생생한 역사적 상황 묘사와 삽화로 쉽게 이해하는 역사!

　교실에서 아이들을 가까이서 지켜보는 선생님이 적은 글이라서 그런지 이 책은 어린이의 눈높이에 맞춰 읽기 쉽게 쓰였습니다. 역사도 하나의 재미있는 이야기라는 책의 관점은 매우 신선하게 느껴집니다. 단편적으로 역사적 사건만 알고 있는 학생들은 역사를 외워야 할 숙제로 느낄 것입니다. 사건 사이의 연결이 없고, 인물이 왜 그러한 행동을 했는지 앞뒤 문맥 없이 하나의 사실로만 역사를 배웠기 때문이죠. 이 책의 가장 큰 특징은 실감 나는 역사적 상황 묘사와 삽화입니다. 마치 내가 그 시대에 와 있고 실제 사건을 보고, 실제 인물을 만나고 있는 착각이 들 만큼의 현장감이 책에서 느껴집니다. 학생들은 또한 저처럼 역사 이야기에 몰입하여 이 책을 재미있게 볼 수 있으리라 생각합니다. 초등학생뿐 아니라 역사를 다시 이해하고 싶은 일반인들도 정말 쉽고 재미있게 읽을 수 있는 책입니다. 역사를 알고 싶은 이들이 있다면 바로 이 책부터 읽어 볼 것을 권장합니다.

_백설아, 『교실에서 만난 권정생』 저자, 의성초 수석교사

역사를 즐겁게 알고 싶은 학생이라면? 꼭 읽어야 할 필독서!

여러분은 '역사'라고 하면 뭐가 떠오르나요? 외워야 할 게 많은 딱딱하고 지루한 이야기가 떠오르지 않나요? 역사를 재미있고 즐겁게 알고 싶은 학생이라면 꼭 읽어야 할 필독서로 이 책을 권합니다. 이 책은 학생들이 꼭 알아야 할 역사 이야기를 글과 그림은 물론, 퀴즈 형태인 '사건 돋보기'로 재미있게 풀어썼고, QR코드로 관련 영상 보기까지 제공하고 있습니다. 이에 학생들은 자신도 모르게 역사적 지식을 반복, 확장하며 자연스럽게 역사를 공부할 수 있게 될 것입니다. 저자 이정환 선생님이 교사크리에이터로 이 책을 집필하며 제작한 역사 영상은 이미 많은 학생들에게 관심과 호응을 받고 있습니다. 이 책 『역사탐정 만두와 함께하는 이야기 한국사』 역시, 역사를 즐겁게 공부하고 싶은 학생들에게 관심과 호응을 받으며 널리 읽히길 바랍니다.

_이준권, 교사크리에이터협회 대표

선사 시대부터 오늘날의 대한민국까지 정리한 단 한 권의 책!

시중에 나와 있는 역사책들은 보통 여러 권의 책들이 하나의 세트로 묶여 나옵니다. 여러 권으로 역사적 내용을 다룬 만큼 다양한 내용들을 다룰 수 있다는 장점이 있습니다. 하지만 그만큼 많은 시간과 경제적 비용이 부담되는 것 또한 사실입니다. 『역사탐정 만두와 함께하는 이야기 한국사』는 선사 시대부터 오늘날의 대한민국 역사까지를 단 한 권으로 정리한 책이기에 그 가치가 높다고 생각합니다. 또한 학생들은 만두 탐정과 잃어버린 한반도의 역사를 찾아 역사의 비밀을 파헤쳐 가는 과정에서, 역사적 탐구력과 문제해결력을 신장할 수 있을 것입니다.

_강동휘, 경상북도 영재 교과연구회 부회장

역사적 통찰력, 판단력, 메타인지까지 길러주는 책!

학생들은 역사 수업을 통해 역사적 증거와 사건들을 스스로 분석하고 판단하는 역량을 기를 수 있어야 합니다. 이 책은 학생들의 생각하는 힘을 길러줄 수 있는 다양한 열린 질문을 시작으로, 마인드맵, 인물들의 생각 채워 넣기, 뉴스 만들기, 당시 인물의 일기를 읽고 생각 나누기 등 창의적이고 다채로운 방식의 워크시트를 제공하여 학생들이 재미있고 깊이 있게 역사에 접근할 수 있도록 하였습니다. 이러한 활동을 통해 학생들은 역사적 통찰력과 판단력뿐 아니라 학생 스스로 역사 상황을 읽고 해석할 수 있는 눈을 키울 수 있습니다. 또한 학생들은 워크시트를 작성하며 자신이 알고 있는 것을 스스로 점검하는 과정을 통해 메타인지를 기를 수도 있습니다. 이 책을 통해 대한민국 학생들이 역사에 더 관심을 가지고 역사에 대한 이해도를 더욱더 높여갈 수 있길 기대해 봅니다.

_박미영, 경주교육지원청 장학사

| 작가 서문 |

　태정태세문단세…… 조선 왕들의 이름을 앞글자만 따서 외우는 방법 들어 보셨나요? 과거 역사를 공부하는 사람들은 역사적으로 중요한 사건이나 인물들을 쉽게 단순화하여 외우고는 했습니다. 한국사는 우리나라 사람이라면 꼭 알아야 할 지식이기 때문에 과거부터 오늘날까지 대학 입학이나 취업을 위해 반드시 공부해야만 했죠. 제한된 시간에 많은 내용을 공부하기 위해 사람들은 그 어떤 연결고리 없이 역사를 단순 암기하기만 했습니다.

　초등학생은 다를까요? 요즘 초등학교 교실에서도 아이들은 하나 같이 입을 모아 역사는 외울 것이 너무 많아 어렵다고 이야기를 합니다. 초등학생들에게도 역사는 외워야 하는 과목일 뿐인 거죠. 그럼 잠시 한번 생각을 전환해 봅시다. 역사에 대한 이런 관점은 어떤가요? 역사는 '이야기'다.

　저는 어릴 적에 이야기 듣는 것을 좋아했습니다. 재미있는 이야기를 듣는 시간이 하루 중 가장 행복했죠. 이야기를 들으며 이야기의 뒷부분이 어떻게 이어질지 상상의 나래를 펼치기도 했습니다. 스마트폰과 컴퓨터가 본격적으로 발달하기 전, 즐길거리가 없던 저는 도서관에 가서 역사책을 읽으며 역사에 푹 빠지게 되었습니다. 도서관에서 역사 만화책을 여러 권 빌려 집에 쌓아 두고 읽으면 그만큼 행복한 것이 없더라고요. 저에게는 역사가 소설보다 더 소설 같고 웬만한 영화보다 더 재미있는 이야기였습니다. 그래서 저는 역사가 외워야 할 내용이 아닌, 하나의 멋진 이야기처럼 느껴졌습니다. 이야기 속에서 재미, 감동, 교훈 등을 얻듯이 역사에서도 지식 이외에 재미, 감동, 교훈을 함께 얻을 수 있었죠.

　선조들이 남긴 문화유산을 바라볼 때도 이 관점은 훌륭한 역할을 했습니다. 박물관에 가면 유적이나 유물에 관심이 없는 학생들을 쉽게 볼 수 있습니다. 학생들의 관람 태도를 지적해야 할까요? 그렇지 않습니다. 학생들은 그 안에 담긴 의미와 이야기를 제대로 알지 못해 유적과 유물에 관심이 없는 것이죠. 예를 들어 석굴암이 신라 시대 만들어진 건축물로 세계문화유산으로 지정되었다는 사실만을 단순히 알고 석굴암을 보러 갔다면 학생들은 석굴암에 큰 흥미를 느끼지 못할 것입니다. 그런데 화강암이 많고 습한 토함산 자락에서 석굴암이 어떻게 만들어지고 지금까지 보존되었는지에 대해 알고 석굴암에 간다면 석굴암을 바라보는 학생들의 자세가 이전과 다르게 변화한 것을 볼 수 있을 것입니다.

    이 책을 펴내기 전, 저는 역사를 좋아하는 학생뿐 아니라 역사를 좋아하지 않는 학생에게도 역사란 흥미진진한 이야기라는 것을 알려주고자 영상 콘텐츠를 제작하여 공유하였습니다. 영상매체에 익숙한 학생들에게 빠르게 다가가기 위한 방법이었죠. 역사를 지루한 것으로 인식하지 않도록 핵심 내용만 뽑아 짧은 영상을 만들고 공유하였습니다. 하나의 이야기를 듣는 것 같아서였을까요? 예상보다 많은 학생들이 제가 만든 영상을 재미있게 봐 주었습니다. 하지만 시간이 지날수록 짧은 요약 영상으로는 역사를 온전히 소개하기 어렵겠다는 생각이 들었습니다. 짧은 영상에는 담기지 않은 재미있는 이야기들이 아직도 무궁무진했기 때문입니다. 그래서 역사를 역사답게 알려주고 싶은 간절한 마음으로 이 책을 펴내게 되었습니다.

    물론, 반만년이라는 기나긴 역사를 자랑하는 우리나라의 역사를 한 권의 책에 담기란 쉽지 않았습니다. 사람이나 관점에 따라 우리나라 역사에서 중요하다고 생각하는 인물이나 사건이 다르기 때문에 책에서 다룰 내용을 신중하게 선택해야 했습니다. 고민한 결과, 이 책의 주요 독자층이 초등학생인 것을 고려하여 초등학교 사회과 교육과정에서 다루는 역사적 사건이나 인물 혹은 문화재를 중심으로 책을 써야겠다는 결론을 내리고 집필을 시작했습니다.

    당연하게도 이 책은 저 혼자만의 노력으로 완성된 것이 아닙니다. 이 책이 세상에 빛을 볼 수 있도록 지원해 준 지노출판과 책에 등장하는 그림과 워크시트 등을 직접 다 그리느라 힘써 준 아내에게 깊은 감사의 마음을 표합니다. 훗날 사랑스러운 두 아이 나경이와 재윤이 또한 아빠가 쓴 이 책을 읽으며 역사에 흥미와 관심을 가지게 되기를 바라며 글을 마칩니다.

2023년 1월

이정환

 차 례

- 추천의 글 · 4
- 작가 서문 · 6
- 이 책의 구성 및 활용법 · 12
- 역사탐정 만두 이야기 · 16

1부 선사 시대의 비밀을 풀다!

- 001 인류 역사의 대부분은 기록되지 않았다 · 20
- 002 사회가 불평등해진 건 이때부터라고?! · 24
- 003 단군왕검이 이름이 아니라고? · 30

2부 삼국 시대의 비밀을 풀다!

- 004 한반도 3대장의 등장, 알에서 사람이 태어나다니! · 38
- 005 삼국이 모두 갖고 싶어 했던 그곳 · 43
- 006 최후의 승자는 누구? · 49
- 007 우리나라 역사상 가장 넓은 영토를 보유한 국가는? · 53
- 008 한류 기원을 찾아서 · 57
- 009 고대 국가의 왕들이 불교를 사랑한 이유 · 67
- 010 신라인들, 너희들은 다 계획이 있구나! · 71

3부 고려 시대의 비밀을 풀다!

- 011 고구려의 정신을 계승한 나라, 고려 · 80
- 012 위기에 빠진 고려를 구하라! 고려판 어벤져스 출격 · 84
- 013 무신들이 다스리던 100년의 이야기 · 91
- 014 세계 최대강국 몽골의 침입, 고려의 운명은? · 95
- 015 부처님의 힘으로 나라를 지키고자 했던 고려 · 100
- 016 세계 최초의 타이틀을 가진 이것은? · 103
- 017 원나라의 간섭을 물리치고 고려를 개혁하라! · 108

4부 조선 시대의 비밀을 풀다!

- 018 이성계, 말머리를 돌려 나라의 운명을 바꾸다 · 114
- 019 미션 1394, 유교 국가의 수도를 건설하라 · 124
- 020 백성을 사랑한 임금, 세종대왕 · 129
- 021 유교가 변화시킨 사회의 모습은 어땠을까? · 137
- 022 죽고자 하면 살 것이요, 살고자 하면 죽을 것이다 · 143
- 023 조선, 청에 무릎을 꿇다 · 151
- 024 세력의 균형을 맞추기 위한 영조와 정조의 묘책은? · 157
- 025 조선이 천주교인들을 박해한 이유는? · 165
- 026 백성들을 배불리 먹이고, 나라를 부강하게 만드는 학문 · 169

5부 근대화의 비밀을 풀다!

- 027 조선 후기, 변화의 바람이 불어오다 · 176
- 028 조선 서민들, 그들만의 독자적인 문화를 만들어 내다 · 181
- 029 거두는 것에만 급급했던 백성을 다스리는 자들 · 187
- 030 흥선대원군이 바라던 세상 · 191
- 031 근대화의 물결, 닫힌 조선의 문을 열다 · 195
- 032 무시받고 차별받던 군인들의 선택 · 201
- 033 3일로 끝난 그들의 꿈 · 205
- 034 억압받던 민중들, 동학의 이름으로 일어나다 · 210
- 035 한 나라의 왕비를 무참히 살해한 일본 · 217
- 036 자주독립과 근대화를 위한 노력 · 222
- 037 전등, 경복궁의 밤을 밝히다 · 229

6부 일제강점기의 비밀을 풀다!

- 038 목놓아 통곡한 그날, 조선의 외교권을 빼앗기다 · 236
- 039 교육과 산업의 부흥으로 빼앗긴 주권을 되찾으려 한 사람들 · 242
- 040 안중근, 민족의 원흉을 저격하다 · 246
- 041 선생님이 학교에 칼을 차고 다녔다고? · 251
- 042 대한 독립 만세! 1919년 3월 1일 그날의 함성 · 255
- 043 독립군의 위대한 승리 · 262
- 044 나라를 위해 목숨 바친 그들의 이야기 · 267
- 045 민족의 정체성을 지키려는 자 vs 말살하려는 자 · 273
- 046 되풀이되어서는 안 될 우리 민족의 아픈 역사 · 276

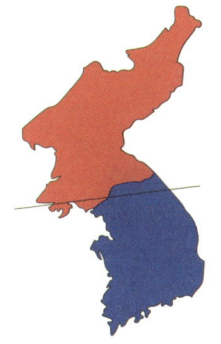

7부 광복 그 이후, 대한민국의 비밀을 풀다!

- 047 광복을 다음 날에 알았다고? · 282
- 048 분단의 시작 · 286
- 049 무엇을 위해 싸우는가? 동족상잔의 비극 · 292
- 050 6.25전쟁이 남긴 상처 · 298
- 051 우리나라 최초의 민주화운동 · 301
- 052 우리나라에는 대통령을 5번 한 사람이 있다?! · 307
- 053 광주와 대구의 518 버스는 어떤 기억을 안고 달릴까? · 311
- 054 마침내 민주화의 꽃이 피다 · 315
- 055 한강의 기적. 대한민국, 다시 일어서다! · 319
- 056 경제 성장의 그늘, 우리가 나아가야 할 방향은? · 325

도판출처 · 330
권말부록 초등 한국사 핵심 연표

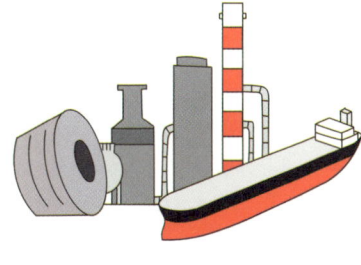

왜, 『역사탐정 만두와 함께하는 이야기 한국사』일까?

반복·확장되어 자연스럽게 익히는 역사의 순환학습!

반복해서 보며 익히는 초등 한국사

교과서

초등 한국사
- 교육과정 분석을 바탕으로 한 핵심 키워드 중심의 내용으로 개념이 쏙쏙!
- 교과서보다 심도 있는 내용으로 역사적 지식 확장에 도움.
- 비주얼 씽킹 기법을 활용한 워크시트로 한 번 더 내용 정리.

역사 영상
- 읽은 내용을 복습할 수 있는 맞춤 영상 제공.
- QR코드를 활용한 만화 영상으로 재미있고 즐겁게 역사 공부 가능.

질문을 통해 생각하는 힘을 길러주는 역사책!

삼국 시대 사람들은 어떤 옷을 입고 어떤 음식을 먹었을까? 오늘날의 사람들이 사진과 동영상으로 살아가는 모습을 남긴다면 삼국 시대 사람들은 이것으로 그들의 삶을 기록하였단다. …

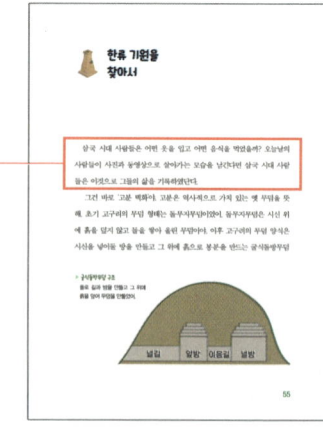

본문 곳곳에서 열린 질문을 던져 질문에 대한 답을 생각해 보게 하고, 그 과정에서 생각하는 힘을 길러줘요.

이 책의 구성 및 활용법

어려운 역사도 맞춤 영상으로 쉽고 재미있게!

QR 코드로 영상 보기. 책 내용을 바탕으로 저자가 직접 제작한 만화 영상을 보며 역사 내용을 쉽게 이해하고 배움에 재미를 더해요.

외우는 역사는 이제 그만! 친절한 눈높이 설명 제공!

탐정의 비밀 노트에 적힌 친절한 눈높이 설명을 보며 암기가 아닌 이해로 역사를 접근하게 도와줘요.

생생한 삽화로 내용의 이해력과 몰입감을 더욱 높여요!

생생한 그림과 사진이 함께 수록되어 있어 내용의 이해를 돕고 책에 대한 몰입감을 한층 더 높여 주어요.

비주얼 씽킹 워크시트로 다시 한 번 더 정리해요!

사건 일지 형식으로 재미를 더하고, 친절한 힌트로 부담 없는 정리, 이해하기 쉽고 머릿속에 남는 그림, 배운 내용을 핵심 키워드로 정리까지!

교육과정 분석을 바탕으로 한 성취기준 중심의 교과서 맞춤 역사 내용!

교육과정 성취기준	단원 및 차시	연계된 책 목차	핵심 키워드
[6사03-01] 고조선의 등장과 관련된 건국 이야기를 살펴보고, 고대 시기 나라의 발전에 기여한 인물의 활동을 통해 여러 나라가 성장하는 모습을 탐색한다	[1-2] 고조선의 건국과 발전 과정을 알아봅시다	단군왕검이 이름이 아니라고?	한반도 최초의 국가 고조선 등장
	[1-3~4] 고구려, 백제, 신라의 성립과 발전 과정을 알아봅시다	한반도 3대장의 등장, 알에서 사람이 태어나다니!	고구려, 백제, 신라의 성립
		삼국이 모두 갖고 싶어 했던 그곳	고구려, 백제, 신라의 발전 과정 (전성기를 이끈 왕과 업적)
	[1-5] 신라의 통일 과정과 발해의 성립 및 발전 과정을 알아봅시다	최후의 승자는 누구?	신라의 통일 과정
		우리나라 역사상 가장 넓은 영토를 보유한 국가는?	발해의 성립 및 발전
[6사03-02] 불국사와 석굴암, 미륵사 등 대표적인 문화유산을 통해 고대 사람들이 이룩한 문화의 우수성을 탐색한다	[1-6] 고구려와 백제의 문화유산을 알아봅시다	한류 기원을 찾아서	고구려, 백제, 신라, 가야의 문화
	[1-7] 신라와 가야의 문화유산을 알아봅시다	고대 국가의 왕들이 불교를 사랑한 이유	고구려, 백제, 신라의 불교문화
	[1-8] 불국사와 석굴암의 우수성을 알아봅시다	신라인들, 너희들은 다 계획이 있구나	불국사, 석굴암의 우수성
[6사03-02] 고려를 세우고 외침을 막는 데 힘쓴 인물의 업적을 통해 고려의 개창과 외침 극복 과정을 탐색한다	[1-9] 고려의 건국과 후삼국 통일을 알아봅시다	고구려의 정신을 계승한 나라	고려의 건국과 후삼국 통일
	[1-10~11] 서희와 강감찬의 활약을 중심으로 거란의 침입과 극복 과정을 알아봅시다	위기에 빠진 나라를 구하라! 고려판 어벤저스 출격!	거란의 침입과 극복 과정
	[1-12] 몽골이 침입했을 때 고려가 한 대응이 무엇인지 알아봅시다	세계 최강대국 몽골의 침입, 고려의 운명은?	몽골의 침입과 극복 과정

* 교육과정 반영 내용 중 일부 예시입니다.

캐릭터 소개

역사탐정 만두를 소개합니다

MANDOO

신기한 모양의 녹음기
만두 허리띠
목소리 녹음 기능이 있어 손으로 기록하지 못한 많은 내용을 담을 수 있다.

역사 여행의 필수템
마법의 돋보기
돋보기에 눈을 대고 시대를 말하면 과거로 여행할 수 있다.

기록의 기본
연필과 공책
기록하기 위해 반드시 필요한 아이템이다.

안녕, 친구들? 나는 역사탐정 만두야!

어느 날, 먼 미래에서 온 사람이 한반도의 역사를 되찾아 달라고 나에게 왔어.

그는 "이름 모를 집단이 한반도의 모든 역사 기록을 자기들 마음대로 바꾸고 없애 버렸어요. 먼 미래의 많은 사람들은 역사가 사라진 탓에 자신의 뿌리를 잊은 채 살아가고 있답니다"라고 슬퍼하며 말했어.

그리고 사라진 역사 기록을 다시 찾아 달라고 나에게 의뢰했지.

직접 그 시대로 갈 수 있는 마법의 돋보기도 주었지.

위기에 빠진 대한민국을 구할 자는 누구겠어? 그래, 바로 나! 만두 탐정!

그런데 혼자 하려니 어깨가 너무 무거워. 친구들이 도와주면 좋겠어.

지금부터 나와 같이 탐정이 되어 역사 여행을 떠나지 않을래?

모든 역사 기록을 꼼꼼하게 살펴보고 기록해서 사라진 우리 역사를 되찾아 보자고!

1부

선사 시대의
비밀을 풀다!

만두와 함께 잃어버린 한반도의 역사를 되찾을 준비가 되었니?
우리가 처음 떠나볼 곳은 선사 시대야. 70만 년 전의 인간은 어떠한 모습으로, 어떤 생활을 했을지 상상해 본 적 있니? 오늘 우리는 아주 오래전 지구상에 살았던 인간들을 만나기 위해 선사 시대로 왔어. 주위를 둘러보니 불빛 하나 없는 아주 캄캄한 밤이야. 오늘 밤 나는 어디서 자야 하는 걸까? 꼬르륵… 배 속의 시계도 배고프다고 난리인걸? 선사 시대의 사람들을 만나 빨리 도움을 받아야겠어.

인류 역사의 대부분은 기록되지 않았다

푸른 별 지구에 인간이 등장한 것은 언제일까? 최초의 인간은 무엇을 하며 살았을까? 아쉽게도 당시의 인간은 기록을 남겨두지 않아 정확한 것은 알 수 없단다.

인간이 그들의 삶을 기록으로 남겨두지 않고 살았던 시대를 선사 시대라고 한단다. 이 기간은 인류의 역사에서 약 95% 이상을 차지하고 있을 정도로 길어.

태초의 인간도 지금의 우리처럼 의식주를 해결해야 했어. 생존을 위해 그들은 가장 먼저 배고픔을 해결해야 했지. 그들은 나무의 열매를 먹을 수 있다는 사실을 알게 되었어. 하지만 열매가 1년 내내 열리는 것이 아니므로 인간은 또 다른 먹을거리를 찾아 이동해야 했어. 인간은 동물 사냥을 통해 먹고 사는 문제를 해결하기도 하였지.

▶ **구석기 시대 생활 모습**
구석기인들은 빙하기로 인해 오늘날 사람들보다 추운 환경에서 살았단다. 계속되는 추위로 먹을 것을 구하기 어려웠던 구석기인들은 먹을 것을 찾아 이동생활을 해야만 했어.

◀ **주먹도끼**
아무렇게나 만들어지지 않았어. 주먹도끼는 기능 수행을 위해 정교하게 만들어졌어.

그런데 강하고 날카로운 이빨을 가진 동물들을 인간은 어떻게 사냥할 수 있었을까? 맨손으로 동물을 사냥하는 것은 인간에게 위험한 일이었기 때문에 인간은 무기를 만들었어. 주변에서 쉽게 구할 수 있는 것으로 그들은 무기를 만들었지. 그것은 바로 돌이었어.

기술이 발달하지 않았던 당시 그들이 사용한 방법은 딱딱한 돌을 깨트리는 것이었어. 돌이 깨져 생긴 날카로운 부분을 인간은 도구로 사용하였는데 이를 '뗀석기'라고 해.

이렇게 인간이 처음 돌을 도구로 사용한 시기를 구석기 시대라고 한단다. 그런데 이렇게 무기를 갖추었다 하더라도 혼자 동물을 상대하는 건 여전히 위험한 일이었어. 그래서 인간들은 무리를 지어 동물을 함께 사냥하였어. 그리고 사냥에 성공하면 동물을 함께 나누어 먹었어. 구석기인 모두는 생존을 위해 서로가 꼭 필요했고 그들 사이에 불평등은 없었어.

식사를 마치면 남는 것이 없었기 때문에 구석기인들은 새로운 먹을거리를 찾아 계속 이동하였어. 그래서 그들에게는 정해진 집이 없었지.

비바람이 불고 추위가 찾아오면 그들은 동굴로 들어갔어. 동굴 벽에 구석기인들은 그들의 흔적을 그림으로 많이 남겨두었단다.

만두 탐정의 사건 돋보기

☑ **HINT** 동굴, 뗀석기, 불

1. 도구로 시대를 구분해 볼까?

선사 시대(先史時代) | 역사 시대(歷史時代) — 문자 사용

- 기원전 70만 년경 — **구석기 시대**
- 기원전 8000년경 — **신석기 시대**
- 기원전 2000~1500년경 — **청동기 시대**
- 기원전 400년경 — **철기 시대**

2. 구석기 시대 사람들의 생활 모습은 어땠을까?

등장
돌을 깨뜨려서 도구를 만들어 동물을 사냥했어.
무리를 지어 동물을 함께 사냥하고, 사냥한 동물은 나누어 먹었어.

___의 사용
약 40~50만 년 전부터 불을 쓰면서 음식을 익혀 먹기도 하고, 추위를 피하기도 하고, 야생 동물로부터 몸도 보호했지.

___에 거주
새로운 먹을거리를 찾아 계속 이동했고 동굴 속에서 비바람, 추위를 피했어.

 # 사회가 불평등해진 건 이때부터라고?!

신석기 시대는 약 1만 년 전 지구의 환경이 급격하게 바뀌며 시작되었어. 날씨가 따뜻해지며 동물과 식물이 이전보다 잘 자라게 되었지.

신석기 시대부터 인간은 농사를 시작하게 돼. 농사를 통해 식량을 확보한 신석기인들은 구석기인들과 다르게 다른 곳으로 이동할 필요가 없었어.

그럼 신석기인들은 어디에 정착하였을까? 농사를 짓게 되었다고 신석기인들이 물고기와 동물 사냥을 멈춘 것은 아니었어. 물고기 사냥으로 식량을 확보하던 그들에게 바닷가와 강가는 여전히 매력적인 곳이었어. 바닷가와 강가는 농사에 필요한 물을 얻을 수 있는 곳이기도 해서 신석기인들은 이곳에 정착하였어.

하지만 문제가 있었지. 그건 그 일대가

▲ 빗살무늬 토기
신석기 시대를 상징하는 유물이야. 규칙적인 문양이 반복되는 것이 특징이야.

▲ 신석기 시대 생활 모습
빗살무늬 토기는 남은 식량을 저장하는 용도뿐 아니라 음식을 조리할 때 사용되기도 했어.

춥다는 것이었어. 이 문제를 해결하기 위해 신석기인들은 땅을 파고 들어가서 집을 지었는데 이러한 집을 움푹 파인 집, '움집'이라고 한단다.

신석기인들은 농사 이외에 가축을 길러 식량을 확보하기도 하였어. 농사와 목축에 성공한 사람은 현재 먹을 것뿐 아니라 미래에 먹을 식량도 충분히 갖출 수 있게 되었지. 그들은 토기를 만들어 남은 식량을 저장하였어. 이러한 토기 중 가장 잘 알려진 토기가 바로 '빗살무늬 토기'란다.

신석기 시대 사회의 모습은 어땠을까? 여전히 그들은 평등한 관계를 이루며 서로 돕고 살았지만, 각자의 집이 생기고 가족이 구성됨에 따라 혈연 관계를 중심으로 한 씨족 사회가 발달하게 되었단다.

기술도 시간이 지남에 따라 발전하였어. 신석기인들은 돌을 깨뜨리는 대신 돌의 표면을 갈아 도구로 사용하였는데 돌을 갈았다고 하여 이를 간석기라고 한단다.

농사기술 또한 시간이 흐르면서 점차 발달해 갔어. 사람들은 농사를 거듭하며 어떻게 하면 수확량이 증가하는지 그리고 어떻게 하면 효율적으로 농사일을 할 수 있는지 등에 대한 지식을 자연스레 습득하게 되었지. 수확량은 점차 늘어났고 이에 따라 남는 식량이 발생하게 되었어. 땅의 비옥한 정도나 농사기술 등에 따라 그들이 가진 식량의 차이 또한 나타나기 시작했지. 돈이 없던 시대에 식량은 곧 재산이었어. 재산이 부족한 사람들이 생존을 위하여 부유한 사람들 밑으로 들어가게 되면서 신석기 시대까지 평등했던 사람들 간의 관계가 불평등하게 변하게 돼.

◀ **청동기 시대 지도자**

지도자를 더욱 더 특별한 존재로 만들어 준 물건들이 있어. 먼저 허리에 찬 청동검이 보이네. 허리 아래로 길게 늘어 선 여러 개의 동탁은 걸을 때마다 방울 소리를 내었지. 가슴에 단 동그란 청동거울은 햇빛을 반사시켜 번쩍번쩍 지도자를 돋보이게 했지. 거울 옆 청동방울은 지도자가 신을 부르기 위해 사용하기도 했어.

무리 중 지혜가 뛰어나거나 힘이 강한 자 혹은 재산이 많은 자가 무리의 지도자가 되었고 지도자들은 그들의 힘을 유지하거나 키우기 위해 다른 무리와 싸움을 벌였어. 싸움 결과 패배한 무리는 승리한 무리의 노예가 되었지. 사람들 사이에 계급이 발생한 거야.

돌을 도구로 사용했던 구석기 시대와 신석기 시대를 지나 청동기 시대 사람들은 돌 대신 청동을 도구로 사용했어. 청동은 구리와 주석을 뜨거운 불에 녹여 나온 쇳물로 만드는 거야. 거푸집에 쇳물을 넣으면 원하는 모양대로 청동기 도구를 만들 수 있었지.

그런데 사람들은 어떻게 청동을 만들어 사용하게 된 걸까? 현대의 과학자들이 새로운 과학적 원리를 발견하여 세상을 바꾸듯이 당시 사람 중

▼ 거푸집
만들려고 하는 모습을 그대로 본뜬 제작 틀이야. 청동기를 만들 때 꼭 필요했단다.

▲ 비파형 동검
중국의 악기 비파를 닮아 이름 붙여졌어.

탐구력과 관찰력이 뛰어난 누군가가 여러 차례 시도를 한 끝에 청동을 만들어 낸 것은 아닐까 추측하고 있어.

청동은 만드는 과정이 까다롭고 복잡하였기 때문에 아무나 가질 수 없었어. 지배층만이 가질 수 있었지. 청동으로 만든 거울과 장신구의 효과는 대단했어. 지배층은 청동거울을 착용하고 사람들 앞에 나섰는데 청동거울은 햇빛을 반사시켰어. 과학적 원리를 모르는 당시의 사람들은 빛을 뿜어내는 지배자가 신성한 존재처럼 느껴졌을 거야. 그리고 지배자를 자신과 같은 사람이 아닌 섬겨야 할 높은 존재로 인식했을 거야.

청동기 시대 지배층의 힘은 강했을까? 고인돌을 보면 그 답을 알 수 있어. 고인돌은 지배층의 무덤으로, 기둥 위에 올려진 돌은 상당히 무거워. 지배층 단 한 사람의 무덤을 만들기 위해 많은 사람이 동원되어 돌을 옮겼다고 볼 수 있지. 청동기 시대에는 우리나라 역사상 최초의 국가도 등장하였는데, 국가의 이름은 바로 고조선이었어.

▶ 고인돌
청동기 시대 대표적 무덤이야. 받침 역할을 하는 돌 위에 넓적한 돌을 올려 만들어졌어.

만두 탐정의 사건 돋보기

✅ **HINT** 토기, 빗살무늬 토기, 움집, 간석기

1. 신석기 시대 사람들의 생활 모습은 어땠을까?

생활
움집을 지어 생활하였어.

정착생활의 시작
바닷가와 강가에 정착한 신석기인들은 농사와 목축을 통해 식량을 확보하였어. 강가에서 물고기를 잡아 식량을 얻기도 했단다.

사용
신석기인들은 돌을 깨뜨리는 대신 갈아서 사용해서 간석기라고 해.
여기선 갈돌, 갈판으로 곡식을 갈고 있네.

활용
토기에 남은 식량을 저장하거나 요리해서 먹었어.
대표적인 토기로는 _____ 가 있어.

2. 청동기 시대 지배자의 상징물을 선으로 연결해 줘!

청동검

청동방울

동탁
방울과 같은 기능으로 추정

청동거울

정답: (시계방향으로) 움집, 토기, 빗살무늬 토기, 몽둥, 간석기

# 단군왕검이 이름이 아니라고?

　우리나라 최초의 국가는 언제 세워졌을까? 시간을 거슬러 기원전 2300년 무렵으로 가보면 한반도 최초의 국가를 만나 볼 수 있어.

　우리나라 역사상 최초의 나라인 고조선은 안타깝게도 기록이 많이 남아 있지 않아. 고조선 건국 이야기는 오랜 시간에 걸쳐 입에서 입으로 전해 내려오다가 내용이 조금씩 덧붙여지기도 하고 바뀌기도 하면서 지금의 모습을 갖추게 되었지. 일연 스님이 쓰신 『삼국유사』에서 고조선 건국 신화를 만나 볼 수 있어.

　하늘나라를 다스리는 환인에게 환웅이라는 아들이 있었어. 환웅은 인간 세상으로 내려가고 싶어 했어.

　환인은 환웅의 마음을 알고 아들에게 천부인이라는 하늘의 증표 세 개를 주어 땅으로 내려가게 했어.

　천부인은 무엇이었을까? 정확한 기록은 없지만 청동검, 청동거울, 청동방울로 추측돼. 이것은 청동기 시대 지배자들의 상징물이었어.

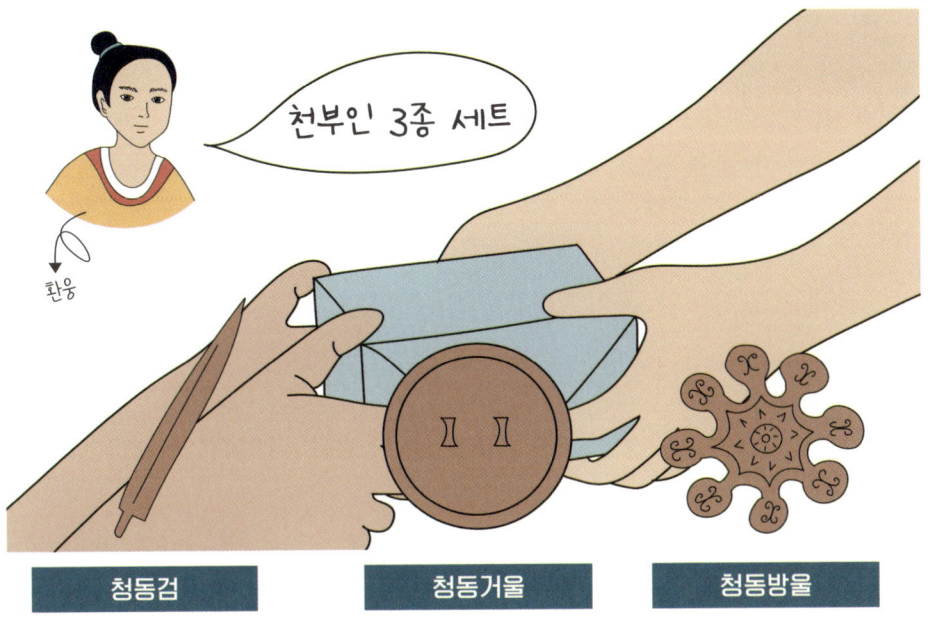

▲ **천부인**
환인이 환웅에게 인간을 다스리는 데 사용하라고 준 물건을 의미해. 『삼국유사』에 그와 관련한 기록이 등장하나 형태에 대한 구체적인 기록은 없어.

    환웅은 바람, 비, 구름을 다스리는 신하와 무리 3,000여 명을 이끌고 태백산 꼭대기에 있는 신단수 아래로 내려왔어. 환웅은 그곳을 신시라고 불렀지.

    그런데 바람, 비, 구름을 다스리는 신하가 왜 환웅에게 필요했을까? 그건 당시 고조선 사람들이 농사를 중요하게 여겼기 때문이야.

    환웅을 '하늘'에서 내려왔다고 표현한 것은 그가 새로 나타난 지배자이거나, 새로 나타난 지배 집단의 대표자임을 말해 준단다. 자, 이야기로 다시 돌아가 볼까?

어느 날, 곰과 호랑이가 환웅을 찾아와 사람이 되게 해 달라고 빌었어. 환웅은 그들에게 쑥과 마늘을 주며 다음과 같이 말하였지.

"이 쑥과 마늘을 먹고 100일 동안 햇빛을 보지 않도록 하여라. 그러면 사람이 될 것이다."

옛날에는 호랑이와 곰이 말할 수 있고 쑥과 마늘을 먹으면 사람이 될 수 있었던 걸까? 아니겠지? 이 부분은 호랑이를 섬기는 집단과 곰을 섬기는 집단이 당시 있었다는 것을 말해 줘. 두 집단은 환웅의 집단과 결합하기를 원했어.

그렇게 곰과 호랑이는 쑥과 마늘을 가지고 어두운 동굴로 들어갔지. 그러나 동굴에서 쑥과 마늘만 먹으면서 견디는 것은 쉬운 일이 아니었어. 결국 호랑이는 참지 못하고 뛰쳐나가고 말았지. 하지만 곰은 잘 참아 내어 21일 만에 여자로 변하였단다.

◀ **곰과 호랑이의 의미**
원시 사회 사람들은 자신의 부족과 밀접한 관계를 맺고 있다고 믿는 동물을 숭배했어. 단군 신화에 등장하는 곰과 호랑이는 부족들이 숭배한 동물을 의미한단다.

▲ 고조선의 영토

　여자가 된 곰은 환웅과 결혼하여 자식을 낳았어. 그렇게 태어난 아이가 바로 단군왕검이야.
　환웅과 웅녀가 결혼하는 것은 환웅 집단과 곰을 섬기는 집단이 결합했다는 것을 말해 줘. 성격이 다른 두 집단이 만나 합쳐지는 일이 쉽지 않았겠지? 이야기에서는 동굴에서 쑥과 마늘을 100일 동안이나 먹는 것으로 그 어려움을 표현하고 있어.
　두 집단의 결합으로 탄생한 단군왕검은 자라서 아사달을 도읍으로 하는 나라를 세웠고, 그 이름을 조선이라 하였어. 후에 이성계가 이름이 같은 나라를 세우는데, 두 나라를 구별하기 위해 이름 앞에 옛 고(古) 자를 붙여 고조선이라 부른단다.

이때 '단군왕검'은 사람의 이름이 아니야. 단군은 제사를 주관하는 제사장, 왕검은 정치를 주관하는 사람을 뜻하는 말이야.

고조선의 당시 문화 영역과 생활 모습은 비파형 동검, 탁자식 고인돌, 고조선 8조법 등으로 추측하고 있는데, 고조선 8조법 중 지금까지 내려오는 3가지 법을 보면 당시 고조선의 모습을 추측할 수 있어. 고조선의 사회가 사람의 생명을 중시하였고, 사유재산이 존재하였으며 계급 사회였다는 것을 알 수 있는 거지.

영상으로 우리나라 최초의 국가에 대해 알아볼까?

만두 탐정의 사건 돋보기

✅ **HINT** 사유재산, 단군왕검, 계급 사회, 8조법, 아사달, 생명, 고조선

나를 소개합니다~

내가 바로 한반도 최초의 국가 _____ 을 건국한 사람일세.

_____ 을 도읍으로 삼아 국가를 세웠지.

내가 누구냐고?

나는 _____ 이야.

_____ 으로 고조선의 생활 모습을 알 수 있다오~

1. 사람을 죽인자는 사형에 처한다. → 사람의 _____ 을 존중함.
2. 남을 다치게 한 자는 곡식으로 갚는다. → _____ 이 존재함.
3. 도둑질한 자는 노비로 삼는다. → _____ 였음.

정답: 고조선, 아사달, 단군왕검, 8조법, 생명, 사유재산, 계급 사회

2부

삼국 시대의 비밀을 풀다!

이번에는 삼국 시대로 함께 떠나 보자. 어? 그런데 여기는 선사시대 사람들의 모습과 좀 달라 보여. 능력이 뛰어나고 재산이 많은 사람들이 그들보다 약한 자들 위에 군림하고 있어. 힘이 더 강력해진 통치자는 그들의 나라도 세우기 시작하는구나. 이때 한반도에도 여러 나라가 등장했어. 그중 고구려, 백제, 신라는 고대 국가의 모습을 갖추며 서로 대립했단다. 세 나라 중 누가 최후의 승자가 되었을까? 지금부터 만두 탐정과 함께 차근차근 알아보자.

한반도 3대장의 등장, 알에서 사람이 태어나다니!

고조선이 한반도에서 사라진 후, 어떤 나라들이 세워졌을까? 이번에는 고구려, 백제, 신라가 어떻게 세워졌는지 함께 알아볼까?

고조선이 중국 한나라의 침입으로 멸망하고 한반도에는 여러 나라가 등장했어. 그중 하나인 동부여의 금와왕은 강가를 지나가다 하백의 딸 유화를 만났지. 당시 임신 중이던 유화를 금와왕은 자신의 궁궐로 데려왔어. 얼마 뒤 유화가 출산하였는데 사람이 아닌 알을 낳아 버렸지 뭐야. 놀란 왕이 알을 버렸으나 짐승들도 피하고, 돌로도 깨지지 않아 유화에게 알을 돌려주었어. 유화가 알을 천으로 싸서 따뜻한 곳에 두었더니 글쎄 놀랍게도 껍데기를 깨고 어린아이가 알에서 나왔어.

◀ 주몽

이 아이는 주몽이라 불렸는데, 그 뜻은 부여 말로 '활을 잘 쏘는 사람'이었어. 활을 얼마나 잘 쏘았으면 이렇게 불렸을까?

금와왕의 아들들은 재주 많은 주몽을 질투하고 미워하였어. 금와왕의 아들들이 자기를 죽이려고 한다는 것을 안 주몽은 자신을 따르는 이들을 이끌고 도망갔어.

강가에 이르러 추격하는 병사들에게 잡힐 뻔한 순간, 물고기와 자라가 다리를 놓아주어 주몽은 무사히 강을 건널 수 있었지.

알에서 사람이 태어나고 물고기와 자라가 도와주다니 무척 놀라운 이야기지? 고조선의 건국 신화와 마찬가지로 이 이야기에도 숨겨진 의미가 있단다. 알에서 태어난 것은 특별한 인물이 태어난 것을 의미해. 그리고 물고기와 자라는 주몽이 정착하려고 했던 지역의 토착민을 뜻할 가능성이 크단다. 물고기와 자라의 도움으로 졸본에 도착한 주몽은 고구려라는 이름의 나라를 세우게 돼.

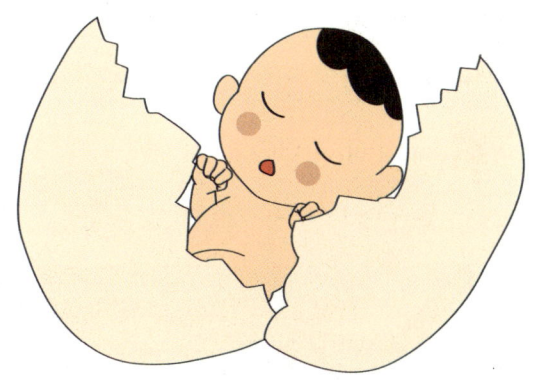

알에서 태어난 인물들 ▶
주몽, 박혁거세, 수로왕 모두 알에서 태어났어. 나라를 건국한 인물은 보통 사람들과는 다르다는 것을 보여 주기 위해 탄생한 이야기야.

▲ 삼국의 탄생
한반도에 고대국가의 모습을 갖춘 세 나라 고구려, 백제, 신라가 탄생했어. 당시 한반도에는 이 세 나라 이외 작은 나라도 존재했단다.

　　백제는 고구려의 왕자였던 온조가 남쪽으로 내려와 한강 지역에 세운 나라야. 고구려의 왕자였던 비류와 온조는 주몽의 뒤를 이을 후계자로 선택되지 못하자 열 명의 신하와 백성들을 데리고 남쪽으로 떠났어.
　　비류는 현재의 인천인 미추홀에 도읍을 정하자고 하였고 온조는 한강 유역에 도읍을 정하자고 하였지. 미추홀은 물이 짜고 땅이 습해 사람 살 만한 곳이 못 되었으므로 비류의 무리는 곧 온조의 무리에 합류하게 돼.
　　열 명의 신하의 보필을 받아 '십제'라고 정한 나라의 이름은 후에 백성이 즐겨 따른다는 이름의 '백제'로 고쳐 불리게 돼.

한편 현재 경주시의 나정이라는 한 우물가에서 여섯 명의 촌장들은 흰 말이 무릎을 꿇고 울고 있는 것을 보았어. 이상해서 가까이 가 보니 커다란 알이 있었고 알에서 어린아이가 나왔지 뭐야.

아이의 탄생을 신기하게 여긴 촌장들은 아이가 태어난 알이 둥근 박처럼 생겼다고 하여 성을 '박', 세상을 밝게 한다고 하여 이름을 '혁거세'라 붙이고 왕으로 받들었어. 박혁거세는 지금의 경주 지역을 중심으로 신라를 세웠단다.

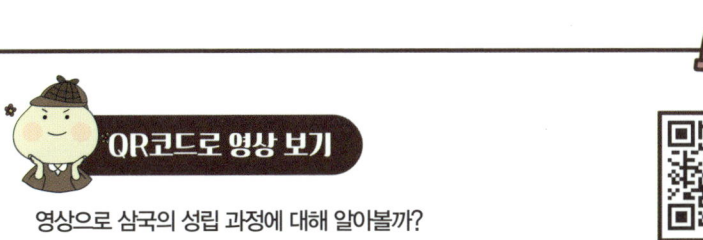

QR코드로 영상 보기
영상으로 삼국의 성립 과정에 대해 알아볼까?

만두 탐정의 사건 돋보기

✅ **HINT** 박혁거세, 주몽, 온조, 백제, 신라

나는 누구일까요?

우리가 바로 삼국을 세운 사람들

나는 '활을 잘 쏘는 사람'이라는 뜻을 가진 _____ 이야.

안녕, 나는 고구려의 왕자였던 _____ 야.
남쪽으로 내려와 한강 지역에 _____ 를 세웠지.

나는 둥근 박에서 태어나
세상을 밝게 한다는 뜻의 _____ 라는 이름이 생겼어.
지금의 경주 지역을 중심으로 _____ 를 세웠어.

✅ **탐정의 TIP**
사람이 알에서 탄생한다는 난생설화는 태양(하늘)의 자손으로 건국 영웅을 신성시하게 하려는 의미가 있어.

정답: 주몽, 온조, 백제, 박혁거세, 신라

 # 삼국이 모두
갖고 싶어 했던 그곳

 주몽이 나라를 세운 이후, 꾸준히 힘을 키운 고구려는 일찍이 없던 위기에 처하게 된단다. 고구려의 왕이 백제와의 전쟁 중에 사망하고 평양성까지 공격받게 된 거야. 이런 상황에서 즉위한 소수림왕은 불교와 유교를

▼ 고구려의 영토 확장
 광개토대왕과 장수왕 시기 고구려는 전성기를 맞이하였어. 이 시기 고구려는 만주 일대에서 한강 유역에 이르는 거대한 영토를 차지하였단다.

▶ **광개토대왕릉비**
약 6.39미터 높이의 비석으로, 이는 보통 키를 가진 남자 어른의 약 4배에 달하는 크기야. 거대한 돌의 네 면에 광개토대왕의 업적이 새겨져 있어.

받아들이고 법을 만들어 고구려가 강대국으로 나아갈 수 있는 기틀을 마련하였어. 소수림왕의 이러한 노력으로 그의 조카 대에 이르러 고구려는 동북아시아를 주름잡는 강대국으로 성장해. 소수림왕의 조카, 그가 바로 광개토대왕이었어.

　재위 기간 광개토대왕은 북으로는 만주의 흑룡강, 남으로는 한강 일대 지역, 서로는 요동 지역, 동으로는 현재의 블라디보스토크 아래 지역까지를 포함하는 대제국을 건설하였어.

　4세기에 백제는 삼국 중 가장 먼저 전성기를 맞이하였지. 백제의 전성기를 이끈 왕은 근초고왕이었어. 근초고왕은 전라도 남해안까지 영토를 넓히고, 낙동강 일대까지 세력을 뻗쳤단다. 넓은 평야를 가진 백제는 일찍

▲ 백제의 영토 확장
한강 유역을 중심으로 힘을 키운 백제는 삼국 중 가장 먼저 전성기를 맞이하였어. 근초고왕 시기 백제는 고구려 왕을 전사시킬 정도로 그 힘이 강했어.

부터 농업이 발달하였어.

드넓은 평야에서 거둬들이는 풍성한 곡식은 사람들에게 풍족한 생활을 안겨주었고 이런 여유로운 생활은 문화와 예술이 꽃피울 수 있는 배경이 되었어.

일찍부터 중국의 여러 나라들과 교류하며 중국의 문화를 받아들인 백제는 우아하고 섬세하며 여유로움이 깃든 독자적인 문화를 발달시켰어.

백제의 이름난 기술자들은 다른 나라의 초청을 받기도 하였단다. 백제의 기술자 아비지는 신라의 황룡사 9층 목탑을, 아사달은 신라의 석가탑,

다보탑을 만들었지. 백제의 학자와 승려, 기술자들은 일본에도 건너가 백제의 발전된 문화와 예술을 전해주기도 하였어.

신라는 삼국 중 가장 늦게 전성기를 맞이하였어. 건국 이후로 귀족의 권력이 강했던 신라는 고구려와 백제가 불교를 인정하고 왕권 국가의 틀을 마련한 것과 달리 귀족들의 강력한 반대에 부딪혀 불교를 인정하는 일이 쉽지 않았지.

하지만 법흥왕의 충성스러운 신하 이차돈의 희생으로 신라는 결국 불

▼ 신라의 영토 확장
가야를 정복한 신라는 한강 유역까지 차지하며 전성기를 맞이하였어. 한강 유역을 차지한 신라는 중국의 선진 문물을 받아들이며 크게 성장하게 돼.

법흥왕 ▲
신라 제23대 왕이다.

◀ 이차돈

법흥왕은 왕명을 사칭하고 절을 지었다는 이유로 이차돈의 처형을 명했어. 그의 목을 친 순간 붉은 피 대신 흰 피가 그의 목에서 솟구쳐 올랐지. 하늘에서 꽃비가 내리고 땅 또한 흔들리는 모습을 보고 두려움을 느낀 귀족들은 이후 법흥왕이 불교를 받아들이는 데 반대하지 않았다고 해.

교를 받아들이게 된단다.

    법흥왕은 불교를 받아들이며 왕권을 강화했고 법흥왕의 뒤를 이은 진흥왕은 백제연합군과 함께 고구려가 차지했던 한강 일대를 빼앗고 대가야를 흡수하며 신라의 전성기를 이끌었어.

QR코드로 영상 보기

영상으로 삼국의 발전 과정에 대해 알아볼까?

만두 탐정의 사건 돋보기

✅ **HINT** 광개토대왕릉비, 진흥왕, 한강, 근초고왕, 장수왕, 광개토대왕

1. 전성기를 맞이한 순서대로 기호를 나열하세요

■ 고구려 ■ 신라 ■ 백제 ■ 가야

[   ] → [   ] → [   ]

2. 전성기를 이끈 왕들

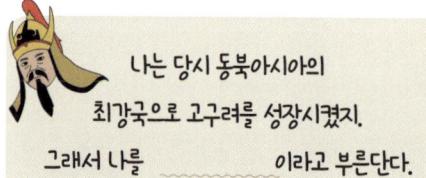

나는 당시 동북아시아의 최강국으로 고구려를 성장시켰지. 그래서 나를 _____ 이라고 부른단다.

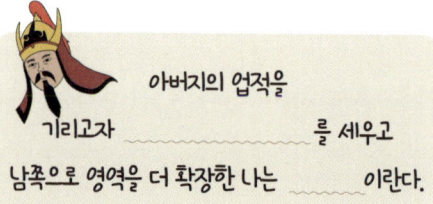

아버지의 업적을 기리고자 _____ 를 세우고 남쪽으로 영역을 더 확장한 나는 _____ 이란다.

우리나라는 삼국 시대 중 가장 먼저 전성기를 맞이했지. 전라도 남해안, 낙동강 일대까지 세력을 뻗친 나는 _____ 일세.

나 _____ 은 백제연합군과 함께 고구려가 차지했던 _____ 일대를 빼앗고 대가야를 흡수하며 신라의 전성기를 이끌었어.

최후의 승자는 누구?

"신라의 성을 함락시켜 땅을 빼앗고 백제의 영토를 더 넓히자!"

백제 의자왕이 직접 군대를 이끌고 신라의 40여 개의 성을 함락시키자 놀란 신라는 김춘추를 당에 보내 동맹을 제안했어. 당나라는 이 제안을 받아들였고 나당연합군이 결성돼. 나당연합군은 먼저 백제를 공격했어.

백제 계백 장군은 결사대 5천 명을 이끌고 황산벌에서 신라군 5만 명에 맞섰어. 가족이 적군에게 처참한 꼴을 당할 것을 걱정한 계백 장군은 전투 전, 자신의 손으로 아내와 아이들의 목숨을 끊어 버렸어.

◀ 황산벌 전투 기록화
백제에게 황산벌은 더 이상 물러설 수 없는 최후의 방어선이었어.

▲ 최후의 승자, 신라
고구려, 백제와 비교하여 발전이 늦었던 신라가 최후의 승자가 되었어.

계백 장군의 이와 같은 행동은 백제군을 죽기 살기로 싸우게 하였어. 백제군의 기세에 밀리던 신라군은 어린 화랑들을 나가 싸우게 했어.

신라의 화랑 반굴과 관창이 홀로 용감히 싸우다 죽는 모습을 본 신라군은 분노하여 총공격을 가하였고 결국 전쟁은 신라의 승리로 끝이 났단다.

백제를 멸망시킨 신라는 문무왕 대에 이르러 연개소문의 아들들이 권력다툼을 하며 스스로 무너져 버린 고구려까지 멸망시켰어. 고구려가 멸망하자 당나라는 한반도 전체를 차지하려는 야욕을 드러냈지. 당나라라는 큰 적에 맞서 신라는 고구려와 백제의 유민들과 힘을 합쳐 맞서 싸웠고 당나라를 몰아낼 수 있었어.

하지만 신라는 당이 만주 일대에 설치한 도호부 때문에 만주까지 걸쳐 있던 고구려의 영토를 되찾을 수 없었어. 신라는 대동강에서 원산만에 이르는 선을 기준으로 그 이남을 지배하게 된단다.

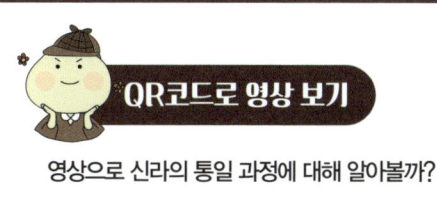
QR코드로 영상 보기
영상으로 신라의 통일 과정에 대해 알아볼까?

만두 탐정의 사건 돋보기

HINT 대동강, 의자왕, 계백, 원산만, 나당연합군

삼국의 통일 과정을 완성해 볼까요?

642년
백제 _____ 이 직접 군대를 이끌고 신라의 40여 개 성을 함락.

648년
신라는 김춘추를 당에 보내 동맹을 제안 당나라는 이 제안을 받아들였고 _____ 이 결성.

660년
_____ 장군의 황산벌 전투.
백제의 패배 → 백제 멸망

668년
연개소문의 아들들이 권력다툼을 하여 고구려가 스스로 멸망.

고구려가 멸망하자 당나라가 한반도 전체를 차지하려고 함.

676년
신라가 고구려와 백제 유민들과 힘을 합쳐 당나라에 맞서 승리.
_____ 에서 _____ 에 이르는 선을 기준으로 그 이남을 지배.

정답: 의자왕, 나당연합군, 계백, 대동강, 원산만

 # 우리나라 역사상
가장 넓은 영토를 보유한 국가는?

우리나라 역사상 가장 넓은 영토를 차지한 나라는 어디일까? 고구려라고? 그래, 고구려도 상당히 넓은 영토를 가졌었지. 하지만 고구려보다도 더 넓은 영토를 차지한 나라가 있어. 혹시 '발해'라는 나라를 들어 본 적이 있니? 지금부터 우리나라 역사에서 빼놓을 수 없는, 바다 동쪽의 번영

▼ 발해의 영토 확장
고구려를 계승한 발해는 옛 고구려 땅을 수복하고 만주와 연해주에 이르는 거대한 영토를 차지했어.

한 나라 발해에 대해서 알아볼까?

당나라의 지방에 대한 통제력이 약화되는 틈을 타서 군사적 지도력이 뛰어나고 용맹했던 고구려 장군 출신 대조영이 당나라에 맞서 반기를 들었어.

고구려 유민들과 말갈족을 이끌고 동모산으로 간 대조영은 나라를 세웠는데 이 나라가 바로 발해란다.

탐정의 비밀 노트
☑ 유민
망한 나라의 백성.

발해는 고구려 문화와 당나라 문화를 받아들여 독특한 문화를 발달시키고 당, 일본 등과의 활발한 교역을 통해 경제력을 강화했어. 또한 그들은 옛 고구려의 땅을 대부분 되찾기도 했지.

이에 당은 바다 동쪽의 번영한 나라라는 뜻에서 발해를 '해동성국'이라 불렀단다.

◀ 대조영

▲ 고구려 수막새(왼쪽)와 발해 수막새(오른쪽)
 수막새는 기왓골 끝에 사용되었던 기와를 말해. 고구려와 발해 수막새의 무늬를 비교해 봐. 굵은 선을 사용하고 원이 중심에 있다는 점이 같아.

 발해가 당과 일본에 보낸 외교 문서와 수막새 같은 문화유산을 통해 발해가 고구려를 계승한 나라이고 불교문화를 발전시켰음을 알 수 있어.

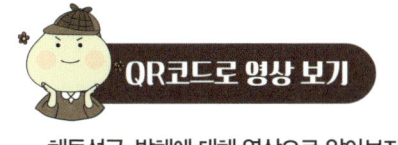
해동성국, 발해에 대해 영상으로 알아보자.

만두 탐정의 사건 돋보기

✅ **HINT** 해동성국, 고구려, 발해, 대조영

발해에 대해 알아볼까?

바다 동쪽의 번영한 나라라는 뜻에서 발해는 '_____'이라 불렸어요.

안녕하시오.
내가 바로 군사적 지도력이 뛰어나고 용맹했던
고구려 장군 출신 _____ 일세.
나는 고구려 유민들과 말갈족을 이끌고
동모산으로 가서 나라를 세웠는데
이 나라가 바로 _____ 라네.
우리는 _____ 를
계승한 나라일세!
꼭 알아두게.

정답: 해동성국, 대조영, 발해, 고구려

 # 한류 기원을 찾아서

삼국 시대 사람들은 어떤 옷을 입고 어떤 음식을 먹었을까? 오늘날의 사람들이 사진과 동영상으로 살아가는 모습을 남긴다면 삼국 시대 사람들은 이것으로 그들의 삶을 기록하였단다.

그건 바로 '고분 벽화'야. 고분은 역사적으로 가치 있는 옛 무덤을 뜻해. 초기 고구려의 무덤 형태는 돌무지무덤이었어. 돌무지무덤은 시신 위에 흙을 덮지 않고 돌을 쌓아 올린 무덤이야. 이후 고구려의 무덤 양식은 시신을 넣어둘 방을 만들고 그 위에 흙으로 봉분을 만드는 굴식돌방무덤

▶ **굴식돌방무덤 구조**
돌로 길과 방을 만들고 그 위에 흙을 덮어 무덤을 만들었어.

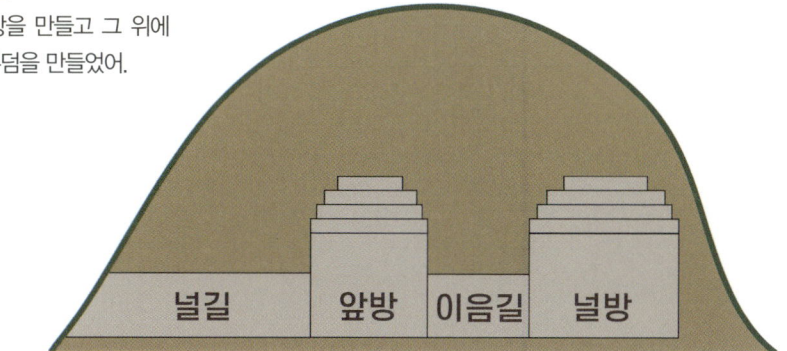

으로 바뀌어 갔지. 바로 이 벽면에 고구려인들은 그들의 삶을 하나하나 그려냈어.

자, 그럼 지금부터 아래 있는 벽화를 살펴볼까? 벽화에 있는 사람의 크기가 다르지? 고구려에 거인이 있었던 걸까? 혹은 난쟁이가 있었던 걸까? 둘 다 아니야. 사람의 크기는 신분을 나타내는 것으로 큰 사람은 귀족, 작은 사람은 하인을 뜻한단다.

그림을 조금 더 자세히 관찰해 볼까? 나무다리 걷기, 공과 막대기 던져 받기, 바퀴 던져 받기 등을 하는 사람들도 보이고, 그들을 흥미로운 표정으로 지켜보고 있는 귀족들도 보여.

▼ 수산리 벽화
귀족 부부는 크게, 하인들은 작게 그려져 있어. 벽화를 통해 당시 고구려인들은 어떤 옷을 입었는지도 알 수 있단다.

▲ 안악 3호분 벽화 중 부엌

벽화의 가운데 갈고리 줄에 걸려 있는 고기가 보이네. 고기를 먹으려고 준비해 둔 것 같아. 벽화를 통해 분주하게 식사를 준비하는 고구려인들의 모습을 짐작할 수 있어.

이제 또 다른 벽화를 살펴볼게. 위 그림의 장소는 고구려의 부엌이야. 아궁이에는 장작불이 활활 타오르고 있어. 아궁이 쪽으로 눈을 돌리면 쪼그리고 앉아 불을 지피는 사람, 시루 앞에서 열심히 음식을 만드는 사람, 그릇을 정리하는 사람을 찾을 수 있지. 열심히 식사를 준비하는 세 사람 오른쪽에 주렁주렁 고기가 달려 있는 것도 보여.

이 외에도 고구려의 여러 벽화를 통해 우리는 당시 고구려인들의 생활 모습을 짐작할 수 있어.

이번에는 백제의 대표 문화유산인 금동대향로와 무령왕릉에 대해 알아볼까? 먼저, 금동대향로를 살펴보자. 이것은 어떤 목적으로 만들어진

◀ **금동대향로**
금동대향로에는 상상의 동물뿐 아니라 호랑이, 사슴 등 실제 동물들도 많이 표현되어 있어.

◀ **무령왕릉**
연꽃무늬를 새겨 넣은 벽돌로 쌓아 만든 벽돌무덤. 배수로 공사를 하다 우연히 발굴되었어.

물건일까? 맞아, 향로는 향을 피우는 그릇이야. 향로를 떠받치고 있는 용을 시작으로 '불교에서 꿈꾸는 세상'을 표현하는 연꽃이 향로 중간에 있네? 신선과 신비한 동물들이 그 위에서 뛰어놀고 있고 향로의 가장 위에는 상상의 새, 봉황이 올려져 있어. 금동대향로는 당시 백제인들이 세밀한 모양을 만들 수 있을 정도의 고도의 기술력과 뛰어난 예술 감각이 있었음을 보여 줘.

무령왕릉은 백제 25대 무령왕과 왕비의 무덤이야. 무령왕릉은 벽돌무덤으로 널길을 따라 들어가면 방이 나와. 무덤 안에는 백제 문화유산 이외에도 중국의 도자기와 화폐, 일본 소나무로 만든 물건 등이 함께 발견되었지. 근데 이상하지 않니? 왜 백제 왕의 무덤에서 다른 나라의 물건들이 이렇게 많이 발견되었을까?

그건 당시 백제가 중국, 일본과 교류를 활발히 했기 때문이야. 교류를 통해 여러 나라 물건이 백제에 들어올 수 있었지.

이번에는 반짝이는 금의 나라, 신라에 대해 알아볼까? 당시 신라의 모습도 신라의 문화유산들을 통해 짐작할 수 있겠지? 문화유산을 만나러 신라의 천년 고도였던 경

▲ **금관총 금관**
귀걸이, 허리띠 등과 같이 신라의 무덤에서 발견되었어. 이는 무덤에 묻힌 사람이 얼마나 강력한 힘을 가졌는지를 보여 줘.

주로 잠시 여행을 떠나 볼까? 지금 여기는 금관총이야. 능을 발굴했을 때 금관이 발견되었다 해서 금관총이라는 이름이 붙여졌어. 신라에는 이처럼 금으로 만든 유물이 유독 많았어. 신라인들은 귀걸이, 목걸이 등의 장신구와 왕관 등을 금으로 만들었단다.

그럼 이번엔 괘릉으로 가볼까? 경주시 괘릉에 가면 머리에 터번을 쓴 석상을 볼 수 있어. 이 석상은 눈이 부리부리하고 수염은 덥수룩하며 큰 코를 가지고 있지. 석상의 모델은 누구일까? 이 석상은 서역인, 다른 말로

▲ 원성왕릉 무인석상(왼쪽), 봉수형 유리병(오른쪽)
신라는 서역인들이 찾아올 정도로 국제적인 교류를 하고 있었어.

아라비아 사람의 모습을 하고 있다고 해.

　대릉원 황남대총에서 발견된 봉수형 유리병도 서역에서 만들어져 신라로 들어온 것인데 두 문화유산을 통해 당시 신라는 당나라와 일본뿐 아니라 서역까지, 여러 나라와 활발한 교류를 하고 있었음을 알 수 있어.

　저기 사람들이 많이 몰려 있네. 여긴 대체 어디일까? 여기가 바로 경주 하면 떠오르는 대표 문화유산 중 하나인 첨성대야. 동양에서 가장 오래된 천문대로 이곳에서 하늘의 별, 해와 달의 모습 등을 관찰했다고 해.

◀ 첨성대
첨성대에 사용한 벽돌의 개수는 총 362으ᅣ.
이는 당시 1년 일수인 362일을 의미한단다.

역사적으로 경주 지역은 지진이 많이 발생하였는데 이에 대비하기 위하여 신라인들은 지진에 견딜 수 있도록 첨성대를 만들었어. 실제로 최근 발생한 경주 지진 때도 첨성대는 큰 피해를 겪지 않았어. 이는 당시 신라인들의 과학 수준이 얼마나 높았는지를 보여 줘.

경주 여행을 마치고 마지막으로 가야의 문화를 살펴보고자 해. 고구려, 백제, 신라와 다르게 가야 문화와 관련된 역사 기록은 안타깝게도 많이 남아 있지 않아. 가야 지역에는 질 좋은 철들이 많이 생산되었다고 해. 이를 활용하여 가야 사람들은 우수한 철제 갑옷과 투구를 만들었고, 철을

▼ 가야 철갑옷
철기 문화의 상징이자 가야 최고의 생산품. 갑옷을 만들기 위해서는 고도의 기술력이 필요했어.

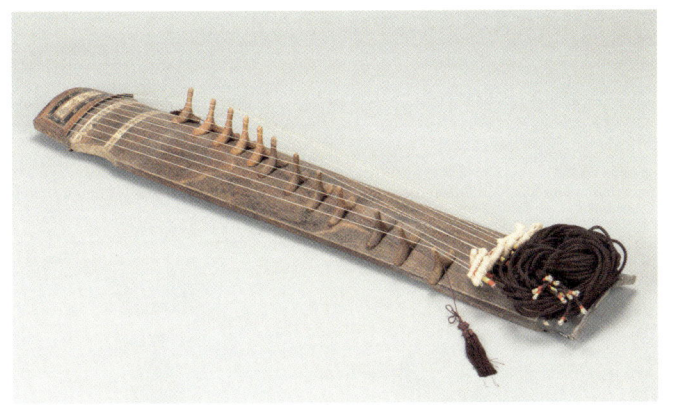

◀ **가야금**
가야의 악기라는 뜻인 가야금도 가야의 소중한 문화유산이야.

다른 나라와의 교역에도 적극 활용하였어. 가야는 음악 또한 상당히 발달되어 있었어. 우리나라의 대표 현악기인 가야금은 가야의 악기라는 뜻으로 당시 가야의 발달된 음악 문화를 잘 보여 줘.

가야금은 가야 가실왕의 부름을 받은 우륵이 만들었다고 전해져. 우륵은 가야의 궁중 악사로 가야의 음악을 발전시켰지. 이후 우륵은 쇠퇴하는 가야를 떠나 신라로 가게 되었는데, 신라에서 우륵은 신라 진흥왕의 명에 따라 가야의 발전된 음악과 춤을 신라에 전수하였단다.

QR코드로 영상 보기
1. 영상으로 금의 나라 신라에 대해 알아볼까?
2. 고구려, 백제 사람들은 어떻게 살았을까?

만두 탐정의 사건 돋보기

✅ **HINT** 금동대향로, 생활모습, 무령왕릉, 금, 첨성대, 가야금, 철, 교류

삼국 시대 박물관

고구려 — 고구려의 여러 벽화를 통해 우리는 당시 고구려인들의 _____을 짐작할 수 있어.

백제 — 백제의 _____에서 발견되는 다른 나라 물건들은 백제가 중국, 일본과 활발히 교류했음을 보여 줘.

백제 — _____는 백제인들의 고도의 기술력과 뛰어난 예술 감각을 보여줘.

신라 — 신라인들은 장신구와 왕관 등을 _____으로 만들었어.

신라 — 황남대총 봉수형 유리병은 신라가 중국, 일본, 서역까지 활발한 _____를 하고 있었음을 보여 줘.

신라 — 동양에서 가장 오래된 천문대인 _____야.

가야 — 가야 지역에는 질 좋은 ____들이 많이 생산되었어.

가야 — 가야의 악기라는 뜻인 _____도 가야의 소중한 문화유산이야.

정답: 생활모습, 무령왕릉, 금동대향로, 금, 교류, 첨성대, 철, 가야금

 # 고대 국가의 왕들이 불교를 사랑한 이유

 절, 불상, 탑과 같은 불교문화 유산이 삼국 시대에 많은 까닭은 무엇일까? 불교에서는 전생에 좋은 일을 많이 하면 뒤에 훌륭한 사람으로 태어날 수 있다고 했어. 그럼 어떤 사람이 전생에 좋은 일을 가장 많이 한 사람일까? 맞아, 왕이겠지?

 불교를 나라에서 받아들이며 왕을 존경하고 따르는 백성들이 많아졌고 이에 왕은 강한 힘을 가질 수 있게 되었지. 또한 불교는 사람들의 마음

▶ **금동 연가 7년명 여래 입상**
고구려의 대표적 불교 문화유산이야.

을 하나로 모으고 위로해 주는 역할도 했는데, 왕은 이러한 불교를 장려하기 위해 곳곳에 불교 문화유산을 많이 남기게 했단다.

　금동 연가 7년명 여래 입상은 고구려의 대표 문화유산이야. 이 불상은 언제 만들어졌을까? 고구려인들이 답을 숨겨두었는데 함께 찾아볼까? 답은 바로 불상의 뒤에서 찾을 수 있어. 불상 뒤에 새겨진 '연가 7년 기미년'이라는 글은 불상이 제작된 시기를 알려 줘. 기미년은 육십간지에 따라 60년에 한 번 돌아오는 데, 불상의 제작 형식을 비추어 볼 때 불상의 제작 시기를 539년으로 보고 있어.

　백제의 불교문화 유산에는 어떤 것들이 있을까? 백제의 무왕 때 지은 미륵사가 백제의 대표 불교 문화유산이야. 익산 미륵사지 석탑은 미륵사의 세 개의 탑 중 서쪽에 위치한 탑으로 우리나라에서 가장 크고 오래된 석탑이야.

　돌을 벽돌처럼 쌓아 만들어진 미륵사지 석탑은 붕괴 위험이 있어 복원 작업을 거친 후 최근에 다시 그 모습을 드러냈어.

▲ 익산 미륵사지 석탑
최근 복원 중 미륵사의 건축 목적과 시기를 알게 하는 유물이 출토되기도 했어.

▲ 황룡사지
현재는 터만 남아 있어. 황룡사지에서 발견된 치미와 기와 건축물 등은 당시 화려했던 황룡사의 모습을 상상하게 해.

 신라는 선덕 여왕 시기에 황룡사 9층 목탑과 분황사를 만들어 불교의 힘으로 나라를 지키고자 하였어. 못을 사용하지 않고 나무와 나무를 끼우는 방식으로 신라인들은 거대한 규모의 황룡사 9층 목탑을 완성하였단다. 신라 주변의 9개 나라의 침입을 부처님의 힘으로 막고자 9층으로 지어진 목탑은 안타깝게도 고려 시대 우리나라를 침입한 몽골군에 의해 불타 버리고 현재는 터만 남아 있어.

만두 탐정의 사건 돋보기

1. 불교 문화유산을 올바르게 연결해 볼까?

황룡사지

금동 연가 7년명 여래 입상

미륵사지 석탑과 미륵사

- 고구려
- 백제
- 신라

2. 삼국시대의 불교는…

삼국 시대의 불교는 왕권을 강화시키고, 백성의 마음을 하나로 모아 주는 큰 역할을 했어.

정답: 황룡사지-신라, 금동 연가 7년명 여래 입상-고구려, 미륵사지 석탑과 미륵사-백제

신라인들, 너희들은 다 계획이 있구나!

이번에는 신라의 불교문화를 대표하는 불국사와 석굴암에 대해 알아보려고 해. 지금도 경주를 찾는 많은 이들이 불국사와 석굴암을 방문하고 있지. 유네스코 세계유산으로도 지정된 불국사와 석굴암은 신라인들의

▼ 불국사
『삼국유사』에 따르면 신라의 재상 김대성이 전생의 부모를 위해서는 석굴암을, 현생의 부모를 위해서는 불국사를 지었다고 해.

우수한 과학 수준과 예술성을 잘 보여 줘.

천 년을 뛰어넘는 긴 세월이 무색할 만큼 많은 사람들의 사랑을 받는 불국사와 석굴암. 그곳에는 대체 어떤 비밀이 숨겨져 있을까?! 먼저 불국사로 함께 떠나 보자.

불국사는 이름처럼 부처님의 나라를 표현한 곳이야. 불국사에 가 보면 청운교와 백운교를 만날 수 있는데, 이때 이름 속 교(橋) 자는 '다리'라는 뜻이야. 청운교와 백운교는 계단이지만 부처님의 나라와 현실 세계를 이어준다는 의미로 다리 '교' 자의 이름이 붙여졌어.

부처님이 계신 대웅전으로 가면 그 앞뜰에서 대조적인 모습의 두 탑, 석가탑과 다보탑을 볼 수 있어.

석가탑은 석가모니 부처님이 수행하신 산이 돌산이라는 것을 나타내기 위해 울퉁불퉁한 돌 위에 석가탑을 올려 표현했다고 해. 이곳 석가탑에서는 현재 남아 있는 목판 인쇄물 중 가장 오래된 목판 인쇄본인 무구정광대다라니경이 보수 작업 중에 발견되었어.

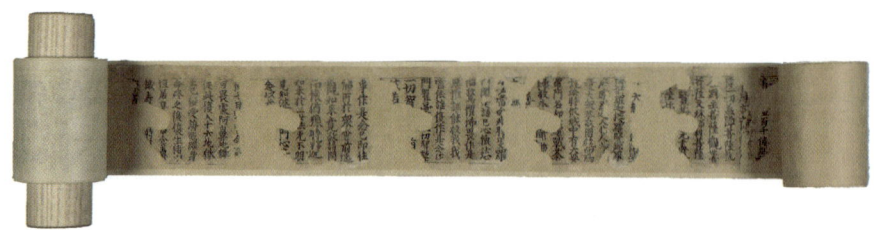

▲ 무구정광대다라니경
석가탑 안 유물을 노린 도굴꾼들에 의해 석가탑이 훼손되는 일이 발생했어. 이를 보수하는 과정에서 세계에서 가장 오래된 목판 인쇄물이 발견되었단다.

▲ **석가탑(삼층석탑)**
아사달과 아사녀의 전설이 있는 탑. 균형과 담백함이 느껴져.

▲ **다보탑**
불교 경전의 내용을 시각적으로 구현했어. 화려하고 정교한 모습이 눈에 띄지.

다보탑은 동전 10원에서도 볼 수 있지? 다보탑은 석가탑에 비해 상대적으로 화려한 모습을 하고 있단다.

그런데 불국사에 내진 설계가 되어 있다면 믿을 수 있겠니? 견고한 불국사의 건설을 위해 옛 선조들은, 삐뚤빼뚤한 자연석 위에 올린 인공석 밑면을 자연석 모양대로 깎았어. 톱니바퀴처럼 딱 맞물린 모양의 건축 설계는 오랜 세월 지진으로부터 불국사를 지켜 준 훌륭한 선조들의 지혜란다.

이뿐만이 아니야. 여기 다리 아래 돌들을 보면 역사다리꼴 모양을 하고

73

▲ 그랭이공법
아래 자연석의 모양에 맞추어 위에 올라가는 돌을 정밀하게 깎는 방법을 의미해.

▲ 백운교에 숨은 과학
백운교는 위와 아래에서 오는 모든 힘에 버틸 수 있도록 설계되어 있어. 여기에 숨은 과학적 비밀은 놀랍게도 수학여행으로 불국사에 놀러 온 초등학생이 풀었다는 이야기가 있단다.

있지? 이 같은 모양은 위에서 오는 큰 힘을 버틸 수 있게 하지만 지진처럼 아래에서 오는 힘에는 약하단다. 그것에 대비한 신라인들의 놀라운 과학 기술! 바로 그 위에 사다리꼴 모양의 돌들을 얹는 것이었어. 사다리꼴 모양의 돌들로 아래에서 오는 힘을 버틸 수 있게 한 거지.

1,200여 년 전, 신라인들의 놀라운 내진 설계 기술에 감탄할 수밖에 없구나.

이번에는 석굴암에 숨겨진 과학적 원리와 아름다움을 찾으러 가 볼까? 토함산은 높은 습도로 유명해. 토함산에 자리 잡은 석굴암도 높은 습도를 피할 수는 없었어.

신라인들은 석굴암 바닥에 구멍을 하나 뚫고 그 아래로 차가운 물이 흐르게 하여 습도를 조절하였어. 석굴암 안의 습기는 차가운 물이 흐르는 바닥으로 모여 땅속으로 스며들었고 그로 인해 석굴암 내부 공기는 건조한 상태를 유지할 수 있었던 거지. 신라인들이 천연제습기를 석굴암에 설치한 거야.

신라인들의 지혜는 석굴암 내부에서도 찾을 수 있단다. 본존불 뒤 벽면에는 연꽃무늬 조각이 새겨져 있어. 이는 부처님의 머리에서 나오는 신비스러운 빛, 두광을 나타낸다고 해.

놀라울 정도의 균형적인 비율을 자랑하는 석굴암이지만 이상하게도 본존불의 머리가 연꽃무늬 중앙에 정확하게 위치하지 않아. 왜 그럴까?

▶ **석굴암**
최초의 만 원은 세종대왕이 아닌 석굴암 본존불이 그려져 있었지. 하지만 종교계의 반발로 오늘날의 모습으로 그림이 바뀌었어.

시선을 바꿔 기도하는 스님의 위치에서 불상을 바라보면 그 이유를 알 수 있단다.

스님의 위치에서는 본존불의 머리가 두광의 정중앙에 위치하는 것을 볼 수 있어. 신라인들은 기도하는 사람의 시선까지 고려하여 석굴암을 만든 거야. 예술과 과학이 완벽히 조화를 이룬 석굴암, 정말 멋지지 않니?

QR코드로 영상 보기
1. 부처님의 나라, 불국사에 대해 알아볼까?
2. 석굴암에 숨겨진 과학적 원리와 아름다움은?!

만두 탐정의 사건 돋보기

☑ HINT 석가탑, 석굴암, 불국사, 다보탑

1. 불국사에서 만날 수 있는 것

_____ 는 이름처럼 부처님의 나라를 표현한 곳이지.

목판 인쇄물 중 가장 오래된 목판 인쇄본, 무구정광대다라니경이 발견된 _____ 이야.

동전 10원에서도 볼 수 있는 화려한 모습의 _____ 이야.

2. 예술과 과학이 완벽히 조화를 이룬 이곳은?

하나, 여기는 내부의 높은 습도와 온도를 천연제습기를 이용하여 해결했어.

둘, 기도하는 사람의 시선까지 고려해 만들어진 곳이야.

이곳은 대체 어디일까? _____

정답: 불국사, 석가탑, 다보탑, 석굴암

3부

고려 시대의 비밀을 풀다!

여기는 어디지? 저기 중국인, 일본인, 아라비아 상인들과 교역하는 사람들이 보여. 눈을 돌려 보니 아름다운 절과 불교 문화재들도 보이네. 이곳은 고려야. 고려는 국제적이고 화려한 문화를 꽃피운 나라였어. 이런 얘기만 하면 고려 시대가 평화로운 시대였다고 생각할 수 있지만 그건 아니야. 고려 주변의 외적들은 고려를 가만히 두지 않았어. 고려는 외적들의 침입을 어떻게 막아 내었을까? 만두 탐정과 고려 시대로 여행을 떠나 볼까?

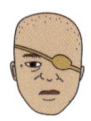 고구려의 정신을 계승한 나라, 고려

영원할 것만 같던 신라도 천여 년의 시간이 흐르며 문제들이 생기기 시작했어. 지배층의 사치와 부패로 나라가 흔들리기 시작한 거야. 지배층의 왕위 다툼으로 정치가 혼란해진 틈을 타, 군사력과 경제력을 바탕으로 각 지방을 다스리는 세력이 나타나기 시작했어. '호족'이라고 불리던 이들 중 세력이 컸던 견훤과 궁예는 그들의 나라를 세우기까지 했단다.

▼ **후삼국의 영역**
신라가 힘이 약해진 틈을 타 견훤이 후백제를, 궁예가 후고구려를 건국하였어. 이를 후삼국 시대라고 해.

◀ 궁예
신라 왕족 출신으로 후고구려를 건국했어.

견훤은 옛 백제 땅에 후백제를, 궁예는 옛 고구려 땅에 후고구려를 세웠어. 궁예를 따르는 이들이 점차 많아졌고 여러 호족들이 궁예의 밑으로 들어갔지. 송악의 호족 왕건도 궁예의 신하가 되어 여러 전투에 참여하며 뛰어난 공을 세우게 돼.

한때 신라 땅의 절반을 차지하고 백성들에게 신망을 받던 궁예는 스스로를 불교에서 구세주를 뜻하는 미륵이라고 칭하고 호족들을 엄하게 대하기 시작하였어.

궁예의 이런 태도와 정책은 호족의 지지와 민심을 잃게 하였고 결국 궁예는 반대 세력들에 의해 쫓겨나게 돼. 쫓겨난 궁예의 뒤를 이어 왕이 된 자가 있었으니, 그가 바로 왕건이야. 그는 고구려의 정신을 계승하겠다는 의지를 담아 나라 이름을 고려로 바꾸었어.

고려는 왕위 다툼으로 힘이 약해진 후백제와의 전투에서 승리를 거두게 돼. 이후 신라마저 고려에 항복하며 고려는 후삼국을 통일했어.

후삼국 통일 이후, 왕건은 백성들의 생활을 안정시키고자 세금을 줄이고 불교를 장려하였어. 또 발해가 거란에 의해 멸망하자 발해 유민들을

▶ 왕건
송악의 호족 출신으로 궁예의 부하로 있다가 쫓겨난 궁예를 대신하였어. 후백제 견훤과의 싸움에서 승리하고 후삼국을 통일하게 돼.

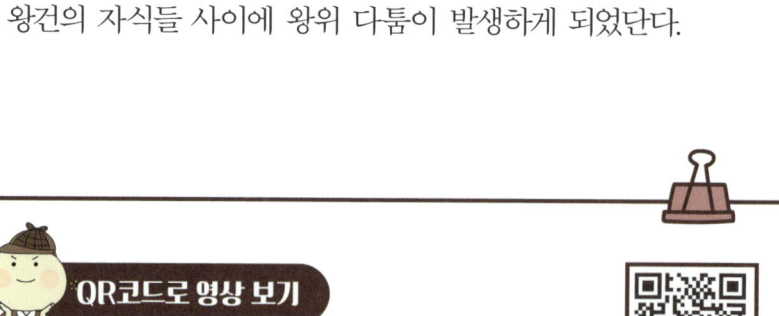

받아들이기도 했단다.

왕건은 고구려의 옛 땅을 회복하기 위해 노력하였어. 그 결과 고려의 영토는 대동강을 넘어 청천강 유역까지 확장되었단다.

왕건이 후삼국을 통일하니 지방의 힘 있는 호족들은 불안해졌어. 그들을 안심시키고 좋은 관계를 유지하기 위하여 왕건이 생각한 방법은 무엇이었을까?

바로 '결혼'이었어. 왕건은 여러 호족의 딸들과 혼인하여 그들을 자신의 편으로 만들었어. 혼인 정책으로 왕건은 무려 29명의 부인, 34명의 자식을 가지게 되었지. 하지만 이로 인하여 왕건이 죽은 후 왕건의 자식들 사이에 왕위 다툼이 발생하게 되었단다.

 QR코드로 영상 보기
고려의 건국 과정을 영상으로 재미있게 만나 보자.

만두 탐정의 사건 돋보기

✅ HINT 후삼국, 결혼, 호족, 고구려, 고려

후삼국 통일은 어떻게 이루어졌을까? 만화를 완성해 보아요!

① 지배층의 사치와 부패로 흔들리는 신라.

② 그때, 군사력과 경제력을 바탕으로 각 지방을 다스리는 세력인 _____ 이 등장하게 된다.

나는 견훤. 옛 백제 땅에 후백제를 세웠지.

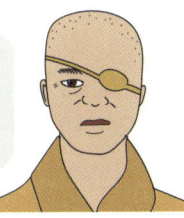
나는 궁예. 후고구려를 세웠지. 왕건도 처음에 나의 신하였소.

왕건은 _____ 통일 후, 호족과 좋은 관계를 유지하기 위해 여러 호족의 딸들과 _____ 한다.

③ 스스로를 미륵이라 칭하고 호족들을 엄하게 대하던 궁예는 결국 쫓겨나고…

나는 미륵이니라~ 자… 잠시만!

쫓겨난 궁예의 뒤를 이어 왕이 된 자가 있었으니, 그가 바로 왕건이었다.

#나라 이름을 _____ 로 바꿈 → _____ 를 계승
#후백제 전투 승리   #신라는 스스로 항복

④

정답: 호족, 후삼국, 결혼, 고려, 고구려

위기에 빠진 고려를 구하라!
고려판 어벤져스 출격

500년 역사 동안 고려는 평화롭기만 했을까? 고려는 500년 세월 동안 주변의 외적들에게 많은 침입을 당했어. 외적의 침입 앞에 고려는 어떤 행동을 취하였을까? 고려에 가장 먼저 침입한 외적은 거란족이었어.

한반도에서 고려가 건국될 무렵 거란의 추장은 흩어진 부족을 모아 거란 제국을 세웠단다. 강력한 기마부대를 가지고 거란 제국은 그들의 영토

▼ 거란의 1차 고려 침입 당시 세력 지도
당시 거란은 강력한 기병의 힘으로 발해를 멸망시키고 중국까지 위협할 정도로 성장했어.

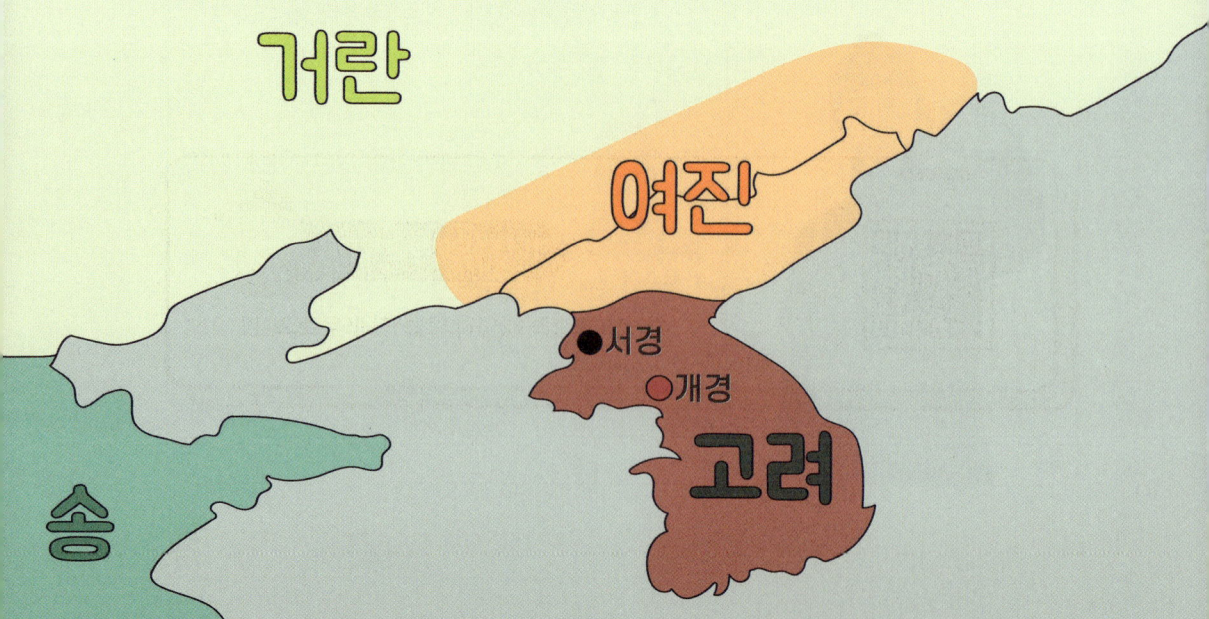

를 크게 확장시켰고 이 과정에서 발해까지도 멸망시켰어.

거란은 송나라를 공격하기 전, 배후의 불안함을 없애기 위하여 고려를 침입하였는데 이것이 거란의 1차 고려 침입이야.

거란의 장군 소손녕은 고려와의 첫 전투 승리 후, 80만 대군을 언급하며 고려 조정에 항복을 요구하였어. 고려 조정에서는 서경 이북의 땅을 떼어 주고 항복하자는 얘기들이 나왔어.

이에 서희가 한 번 싸워 보고 의논해도 늦지 않다며 항복을 반대하였지. 첫 전투의 승리에도 불구하고 진격을 하지 않고 머물러 있는 거란군을 보며 서희는 거란군의 실제 수가 소손녕이 얘기한 수보다 적을 것이라고 짐작했어.

서희는 거란군과의 담판에 직접 나서기로 해. 협상을 위해 찾아온 서희를 거란군은 오만하고 위협적인 태도로 맞이했어. 소손녕은 서희에게 절부터 하라고 말하였지. 서희는 "신하가 임금을 대할 때 뜰 아래에서 절하

▶ **서희의 외교 담판**
거란이 고려를 침입한 진짜 목표를 파악한 서희는 회담을 주도적으로 이끌고 갔어.

는 것은 예법에 있는 일이지만, 양국의 대신이 만나는 자리에서 절을 하는 예는 없다"라며 숙소로 들어와 한 발짝도 움직이지 않았어. 소손녕은 당당한 서희의 태도에 당황하며 서희에게 동등한 자격으로 만나자고 청하였어. 고려와 거란의 협상이 시작되었고 소손녕은 서희에게 다음과 같이 질문했어.

"그대의 나라는 옛 신라 땅에서 일어났고, 옛 고구려 땅은 우리 영토가 되었소. 그런데 어찌하여 침범하였소?"

소손녕의 질문에 서희는 "고려는 고구려의 뒤를 이은 나라로 나라 이름도 고려라고 하고 서경(평양)에 도읍하였습니다. 땅의 경계를 가지고 말하자면 오히려 귀국의 동경이 우리 영토 안에 들어와야 하는데 어찌 침범하였다고 말할 수 있습니까?"라고 답하였어.

그러자 소손녕은 "우리와 국경을 맞대고 있으면서 바다 건너 송나라와 친하게 지내고 있는 까닭은 무엇이오?"라고 다시 물었어. 이 질문에 서희는 거란이 고려를 공격해 온 의도를 파악했지. 그리고 이렇게 대답하였어.

"고려와 거란 양국의 국교가 통하지 못하는 것은 여진이 길을 막고 있어서입니다. 만일 여진을 몰아내고 길이 통하게 된다면 어찌 국교가 통하지 않겠습니까?"

당시 압록강까지 진출하고자 하는 고려는 고구려와 발해의 옛 땅을 차지하고 있던 여진족의 저항에 어려움을 겪고 있었는데 서희는 거란

탐정의 비밀 노트

☑ **국교**
나라와 나라 사이에 맺는 외교 관계.

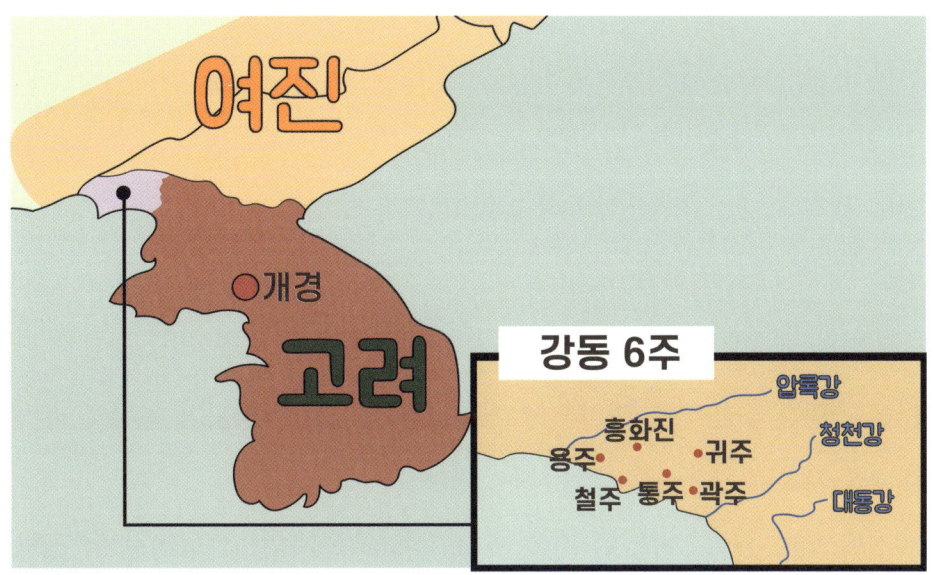

▲ 강동 6주
거란의 영토가 아닌 여진족들이 살고 있던 지역이야. 서희의 외교 담판 결과, 거란은 고려가 여진족을 쫓아내고 그곳을 점령하는 것을 묵인하게 돼.

의 침입을 물리치는 것뿐만 아니라 고려 태조 왕건의 꿈이었던 옛 고구려 영토를 회복하는 것까지 이번 담화의 결과로 얻고자 하였던 거야.

소손녕은 서희와의 담판 내용을 자기 나라에 보고했고 화해를 맺으라는 답을 얻었어. 협상이 끝나고 서희는 압록강 동쪽의 여진족을 몰아내고 강동 6주에 크고 작은 성을 쌓았어. 강동 6주는 압록강의 동쪽에 있는 6개의 주로 이후 고려의 북방 방어 기지 역할을 하게 돼.

고려는 거란의 위협에 땅을 떼어 주고 나라를 보전하려고 했지만 서희의 외교력 덕분에 강동 6주의 땅을 오히려 획득할 수 있었어.

1차 침입에 그치지 않고 거란은 고려가 정치적 혼란에 빠진 틈을 노려

또다시 고려를 침입했어. 거란의 공격으로 개경이 함락되고 고려 왕이 남쪽으로 피란을 떠나기도 했지. 거란은 이에 만족하지 않고 이후 고려를 한 번 더 침입하였어.

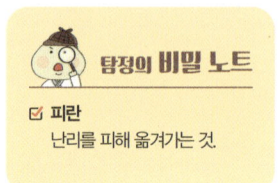

☑ 피란
난리를 피해 옮겨가는 것

거란의 세 번째 침입을 받은 고려는 어떤 대응을 하였을까? 강감찬 장군은 거란군의 침입에 대비하여 거란군의 침입이 예상되는 지점에 방어 태세를 철저히 갖추어 두었어.

고려군은 강감찬 장군의 지휘 아래 계곡에 숨어서 성 동쪽의 큰 강을 막고 기다리다, 거란군이 강에 도달하자 강을 막고 있던 둑을 터뜨리고 매복하고 있던 부대를 돌격시켜 거란군을 무찔렀단다.

이후 고려군과 거란군은 귀주에서 다시 한 번 마주치게 돼. 두 나라 사

▼ 귀주 대첩 기록화
강감찬 장군은 바람의 방향을 예측하였을까? 역사에 기록될 정도로 당시 바람은 전쟁의 흐름을 크게 변화시켰어.

이에 치열한 전투가 이어지던 그때, 이상한 일이 벌어졌어. 바람의 방향이 갑자기 바뀌고 비바람이 불기 시작한 거야.

  맞바람을 받은 거란군의 화살은 힘을 잃고 떨어졌고 고려군의 화살은 바람을 타고 거란군에게 퍼부어졌어. 이에 당황하여 도망가는 거란군을 공격하여 고려군은 큰 승리를 거두었어. 고려를 침공한 거란군 10만 중 살아 돌아간 자는 겨우 수천에 불과하였지. 우리는 이 전투를 귀주대첩이라고 불러. 당시 72세의 나이였던 강감찬 장군의 활약으로 고려는 32년간 이어지던 거란과의 전쟁을 끝낼 수 있었단다.

▲ 강감찬

 **QR코드로 영상 보기**
1. 고려와 거란의 담판! 서희는 어떻게 했을까?
2. 거란과의 전쟁 강감찬 장군 이야기를 들어 보자.

만두 탐정의 사건 돋보기

✓ **HINT** 강동 6주, 강감찬, 서희, 귀주대첩, 거란

거란의 침입과 극복 과정을 한 번 정리해 볼까?

_____ 제국은 그들의 영토를 크게 확장시켰고 이 과정에서 발해를 멸망시키고 고려까지 침입하게 되는데…

993년 1차 침입

나 _____ 의 외교력 덕분에 _____ 의 땅을 오히려 획득하였지.

1010~1011년 2차 침입

양규   김숙흥

우리가 돌아가는 거란군을 끈질기게 공격하여 많은 피해를 입혔다오.

1018~1019년 3차 침입

고려를 침공한 거란군 10만 중 살아 돌아간 자가 겨우 수천에 불과했던 _____ 을 이끈 _____ 이오. 덕분에 32년간 이어졌던 거란과의 긴 전쟁도 끝낼 수 있었지.

정답: 거란, 서희, 강동 6주, 귀주대첩, 강감찬

무신들이 다스리던 100년의 이야기

영화 〈관상〉을 보면 김종서라는 사람이 등장해. 김종서는 오랑캐의 침략을 막고 북방을 개척한 조선의 영웅이지. 김종서와 귀주 대첩의 영웅 강감찬에게는 공통점이 있단다.

무엇일까? 그건 바로 김종서와 강감찬 모두 장군이자 문신이었다는 거야.

고려와 조선 시대에는 문신이 무신에 비해 나라의 중요한 위치에서 일하고 좋은 대우를 받는 경우가 많았어. 차별과 멸시를 받던 무신들은 이런 나라의 구조에 불만이 많았지. 고려 무신들의 분노는 점점 쌓여만 갔어. 결국 고려 무신들의 분노가 터지는 사건이 고려 의종 때 발생하고 말았어.

고려 의종은 술 마시고 노는 것을 좋아했다고 해. 왕이 문신들과 어울려 놀 때 무신들은 그들을 호위해야 했지. 의종은 보현원으로 향하던 길에 잠시 멈춰 잔치를 벌이다 무신들에게 오병수박희를 시켰어. 오병수박희

▶ 고려 무신
무신정변 이후 무신들은 100년 간 고려의 정권을 장악하게 돼.

는 손을 써서 상대를 공격하는 스포츠로 고려에서 인기가 많았단다.

나이가 많은 대장군 이소응과 젊은 무신이 대결을 하게 되었는데 이소응이 힘에 부쳐 대결장을 빠져나오자 문신 한뢰가 갑자기 앞으로 나가 이소응의 뺨을 쳤어. 이 모습에 왕과 문신들은 손뼉을 치며 크게 웃었어. 직급이 이소응보다 한참 아래인 한뢰가 이소응을 모욕하자 화가 난 무신 정중부는 한뢰를 소리 높여 크게 꾸짖었지.

정중부는 젊은 시절 문신에게 모욕당한 일이 떠올랐어. 정중부가 아끼며 기르던 수염을 젊은 문신 김돈중이 촛불로 태웠던 거야. 화가 난 정중부가 김돈중을 때리자 김돈중은 아버지에게 그 일을 말하였는데 그의 아버지는 『삼국사기』를 편찬한 김부식으로 그 위세가 대단했어. 결국 정중부는 이 일로 처벌을 받게 돼. 문신에 대한 정중부의 분노는 한뢰의 행동으로 폭발하게 돼.

오랜 기간 치밀한 계획을 세우며 때를 기다리고 있던 정중부와 무신들은 왕이 보현원 안으로 들어가고 신하들이 물러서자 문신들을 가차 없이 죽이기 시작했단다. 이소응의 뺨을 때린 한뢰는 어떻게 되었을까? 한뢰는 왕의 단상 아래로 숨었지만 곧 발견되어 목숨을 잃게 되었어. 이윽고 왕도 쫓아낸 무신들은 고려의 모든 권력을 장악하게 되었어. 이를 무신들이 일으킨 난이라 하여 '무신정변'이라고 해.

만두 탐정의 사건 돋보기

그날의 기록 일지

사건 1 정중부의 수염 사건

정중부가 아끼며 기르던 수염을 젊은 문신 김돈중이 촛불로 태운 사건.
화가 난 정중부에게 맞은 김돈중은 아버지에게 이 일을 고하고…
정중부는 이 일로 처벌을 받게 된다.

사건 2 이소응의 수난시대

나이가 많은 대장군 이소응이 오병수박희 경기 중 힘에 부쳐 대결장을 빠져나오자 직급이 한참 낮았던 문신 한뢰가 갑자기 앞으로 나가 이소응의 뺨을 쳤다.
이 모습에 왕과 문신들은 손뼉을 치며 크게 웃었다.

☑ 그날 이후 어떻게 되었을까?

오랜 기간 치밀한 계획을 세우며 때를 기다리고 있던 정중부와 무신들은 왕도 쫓아내며 고려의 모든 권력을 장악했어.
이를 무신들이 일으킨 난이라 하여 _____ 이라고 해.

세계 최대강국 몽골의 침입, 고려의 운명은?

칭기즈칸이라는 이름을 들어 본 적이 있니? 칭기즈칸은 몽골의 부족들을 하나로 통일하여 힘을 키운 뒤 주변의 국가들을 차례로 멸망시켰어.

칭기즈칸의 지휘 아래 최강대국으로 성장한 몽골의 눈에 고려가 보였어. 몽골은 고려로 보낸 그들의 사신이 죽자 이를 이유로 고려에 침입했어.

▶ 칭기즈칸
세계 최대 제국을 건설한 몽골의 1대 왕이야.

세계 최강대국 몽골에 맞서 고려는 어떻게 대응하였을까?

따그닥 따그닥. 세계 최강 기병을 보유한 몽골군이 지나간 곳은 온통 잿더미로 변하고 많은 사람이 죽어 나갔어. 몽골군을 피해 고려는 수도를 개경에서 강화도로 옮겨. 고려가 개경에서 가까운 섬을 왜 수도로 삼았을까?

강화도 앞바다가 물살이 빠르고 강하여 물에 약한 몽골군의 공격을 막기에 유리하다는 점이 가장 큰 이유였어. 한강을 포함한 주변 강을 따라 세

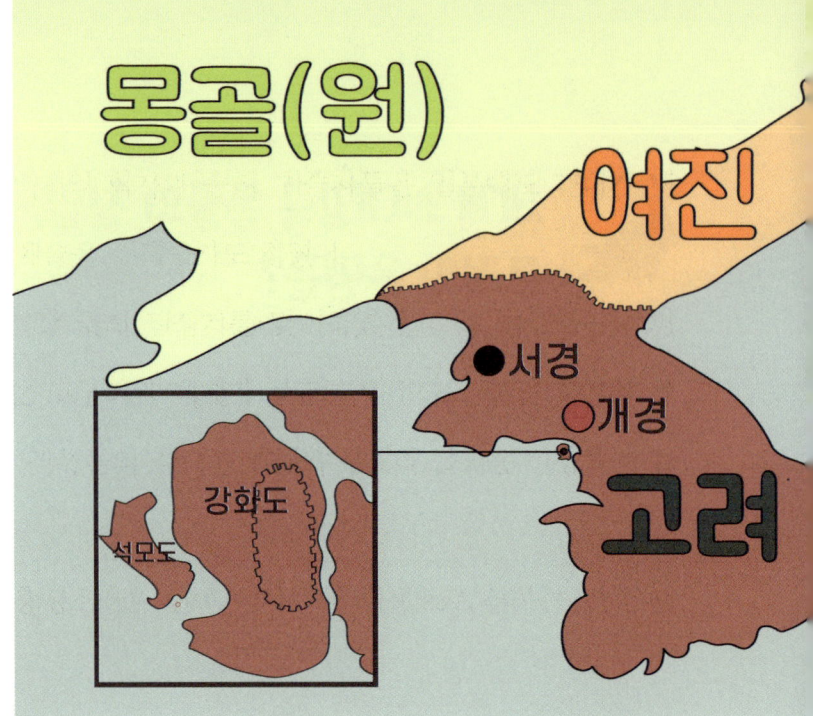

▶ **몽골의 고려 침입**
최씨 무신정권은 몽골이 고려에 침입하자 고려의 수도를 강화도로 옮겼어. 강화도는 조수간만의 차가 커 몽골군의 공격을 막아 내기 좋았어.

금과 물건을 옮기기 쉽다는 점도 고려가 강화도를 수도로 선택한 이유였지.

강화도로 도망간 지배층과 달리 남겨진 백성들은 목숨을 걸고 몽골군과 싸웠어. 흙으로 쌓은 자그마한 처인성에서 김윤후를 비롯한 백성들은 몽골군의 총사령관을 죽이고 몽골군을 철수시키기도 했어. 기적 같은 일이었지.

이렇게 몽골군이 물러났더라면 얼마나 좋았을까. 하지만 몽골의 침입은 아직 끝나지 않았어. 돌아온 몽골군은 전략적 요충지인 충주성을 공격해. 처인성 전투의 영웅 김윤후가 충주성 방어의 지휘를 맡았어.

몽골군에게 성이 포위되고 식량이 떨어지자 백성들이 동요하기 시작했지. 이에 김윤후는 "만일 힘을 다해 싸운다면 신분을 불문하고 모두 벼슬을 주겠다"고 병사들을 독려하며 노비 문서를 불태워 버렸단다.

▲ **처인성 전투 기록화**
당시 스님이었던 김윤후는 처인성 전투를 승리로 이끌고 후에 장수가 되어 충주성 전투에서도 활약했어.

백성 모두가 이 모습에 힘을 얻어 죽음을 무릅쓰고 적에게 돌진했고, 그 결과 충주성 백성들은 몽골군을 물리치게 돼. 최강 몽골군을 두 번이나 무찌른 김윤후 이외에도 많은 곳에서 백성들이 몽골군에 맞서 용감하게 싸웠단다.

하지만 이런 노력에도 30여 년간의 오랜 전쟁은 고려의 많은 것을 앗아갔지. 국토는 황폐해지고 많은 사람들이 죽거나 몽골에 포로로 끌려갔어. 경주의 황룡사 9층 목탑도 이때 불타버렸지. 더 이상의 전쟁을 지속하기 어려웠던 고려 왕은 전쟁을 멈추는 조건으로 강화도에서 개경으로 돌아

▶ **몽골의 기마병**
몽골군은 달리는 말 위에서도 칼과 활을 능수능란하게 사용할 수 있었단다.

오려 했어.

하지만 삼별초가 왕의 결정에 반발하였어. 삼별초는 백성들의 난을 진압하기 위해 무신 정권이 만든 부대였어. 무신들의 사병이었던 삼별초는 개경으로 돌아가는 순간 그들의 세력을 모두 잃을 거라 걱정하였지. 그래서 근거지를 진도와 지금의 제주인 탐라로 옮겨가며 몽골에 끝까지 저항하였단다. 하지만 결국 그들은 진압돼.

이후 고려의 왕들은 몽골이 세운 원나라의 공주와 결혼하며 원나라의 간섭을 받게 되었어. 하지만 끈질긴 항쟁과 외교적 노력으로 고려는 나라를 유지하였고 고유의 문화를 지킬 수 있었단다.

세계 최강 대국, 몽골의 침입에 맞선 고려의 운명은?!

만두 탐정의 사건 돋보기

☑ HINT 황룡사 9층 목탑, 김윤후, 삼별초, 항쟁, 세금, 물, 물건

몽골의 침입에 맞선 고려

1 | 고려는 어떻게 대응하였을까?

수도를 개경에서 강화도로 옮겼다! 왜?

하나. 물살이 빠르고 강하여 _____ 에 약한 몽골군의 공격을 막기에 유리해.

둘. 강을 따라 _____ 과 _____ 을 옮기기 쉬운 곳에 위치해 있어.

몽골과 목숨을 걸고 싸운 사람들

나 _____ 는 처인성과 충주성에서 백성들과 함께 몽골군을 무찔렀다네.

_____ 는 근거지를 진도와 지금의 제주인 탐라로 옮겨가며 몽골에 끝까지 저항했소.

2 | 몽골과의 전쟁이 남긴 것

많은 사람이 죽고 경주의 _____ 을 비롯한 많은 문화재가 소실되었어. 후에 고려는 원나라의 간섭까지 받게 돼. 하지만 끈질긴 _____ 과 외교적 노력으로 나라를 유지하고 고유의 문화를 지킬 수 있었어.

정답: 물, 세금, 물건, 김윤후, 삼별초, 황룡사 9층 목탑, 항쟁

부처님의 힘으로
나라를 지키고자 했던 고려

신라인들은 황룡사 9층 목탑을 왜 세웠을까? 맞아 부처님의 힘으로 나라를 지키고자 세웠다고 했지? 고려 시대에도 이러한 목적으로 만들어진 문화유산이 있단다. 바로 유네스코 세계기록유산에 등재된 팔만대장경이야.

거란의 침입으로 나라가 혼란스러울 때 고려 사람들은 부처님의 말씀과 불교에서 지켜야 할 일 등을 나무에 글로 새겨 불공을 드렸지. 그랬더니 정말로 거란군이 물러난 거야. 고려인들은 부처님의 힘으로 거란군이 물러났다고 믿었어. 이때 만든 대장경을 처음 만든 것이라 하여 초조대장경이라고 해.

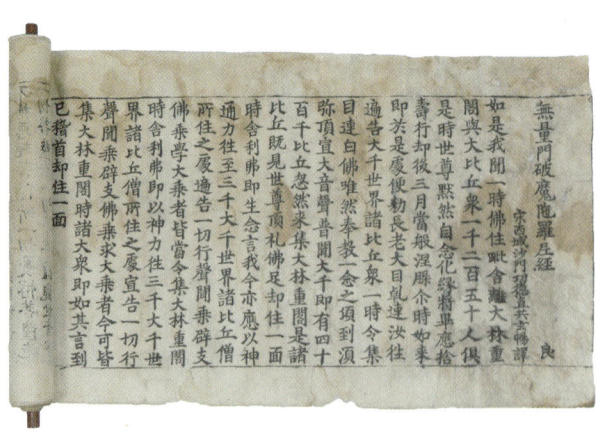
◀ 초조대장경

후에 몽골이 고려를 침입하였을 때 고려인들은 불타버린 초조대장경을 대신하여 부처님이 몽골군을 물리쳐주기를 바라는 마음에서 새로운 대장경을 열심히 만들었어. 이를 다시 만들었다고 하여 재조대장경이라고 한단다.

나무가 갈라지거나 비틀어지는 것을 줄이기 위해 좋은 나무를 잘라 소금물에 담그고 말리는 과정을 반복한 후, 명필가들에게 그들이 적은 글을 목판에 붙이게 했어. 그리고 마지막으로 한 자 한 자 글씨를 새겨 목판을 완성하였지.

목판에 정성을 들일 시간에 외적에 맞서 싸울 무기를 만드는 게 좋겠다는 생각이 들 수도 있어. 하지만 현재도 사람들이 큰 위기에 빠졌을 때 종교에 도움을 구하는 경우가 많은 것처럼 당시 고려인들도 몽골군이 물러나기를 바라는 간절한 마음에서 목판에 글자를 한 자 한 자 새겼을 거야.

앞서 말한 재조대장경은 '팔만대장경'이라고도 불려. 팔만대장경의 목판은 약 8만 장, 판에 새겨진 글자 수는 약 5천만 자에 이른다고 해. 하지만 놀랍게도 이렇게 새겨진 글자 수에 오탈자를 발견하기 어려울 정도로 팔만대장경은 정확하고 정교하게 만들어졌어.

강화도에서 완성된 팔만대장경은 후에 합천 해인사로 옮겨져. 이때 팔만대장경을 보관하기 위하여 장경판전을 만들었는데 온도와 습도를 맞추기 위해 장경판전의 아래와 위 창문의 크기를 달리하고 햇빛이 많이 들어오는 곳에 장경판전을 위치시켰지.

▲ 장경판전의 창문(왼쪽)과 장경판전(오른쪽)
장경판전은 국보이자 유네스코 세계문화유산이야. 장경판전의 창문은 온도와 습도를 맞추기 위해 창문의 크기를 달리하고 있어.

그리고 바닥에 소금과 숯가루 등을 뿌려 장마철의 습기도 차단하였단다.

과학적인 설계에 따라 장경판전을 만든 조상들의 지혜 덕분에, 팔만대장경은 지금도 인쇄가 가능할 정도로 완벽히 보존되어 있어.

 세계 최초의 타이틀을 가진 이것은?

맛있는 식당을 친구들에게 알려 주고 싶을 때 어떤 방법을 사용하니? 직접 만나서 알려 주기도 하지만 보통 친구들에게 문자를 보내거나 SNS에 정보를 공유하지? 식당의 정보는 공유하는 과정을 통해 자동으로 기록되어 널리 알려지게 된단다. 정말 편리한 세상이야!

그럼 옛날 사람들은 지식을 어떻게 저장하고 공유하였을까? 오늘의 이야기는 조상들의 '기록'에 관한 이야기야.

사람들은 처음에 쉽게 구할 수 있는 목판을 활용하여 기록하였어. 나무가 먹을 흠뻑 흡수하기 때문에 글씨가 선명하게 나오고 여러 장을 똑같이 인쇄할 수 있어 목판은 여러 권의 책을 만드는 데 효율적이었지.

하지만 목판은 시간이 오래 걸리고 사람들의 노력을 많이 필요로 하였어. 나무가 뒤틀리거나 썩을 수도 있었지.

조금 더 쉽고 빠르게 정보를 저장 및 공유하고 싶었던 고려인들은 새로운 방법을 떠올리고 시도하였어. 노력 끝에 그들이 찾은 방법은 세계에서

▶ **금속활자**
활자의 앞면과 달리 뒷면은 오목하게 패여 있어. 그 이유는 활자를 만드는 데 사용되는 구리의 양을 줄이기 위해서야.

처음 시도하는 방법이었지. 바로 금속활자 인쇄였어.

금속활자는 어떻게 만들어지는 것일까? 먼저 양초를 만드는 재료인 밀랍에 글자를 양각으로 새겨. 새긴 글자들로 글자 열매가 달린 나무, 밀랍 가지를 만들어. 그런 다음에는 밀랍 가지를 반죽과 함께 대나무 속에 넣

▼ **밀랍가지(왼쪽)와 거푸집(오른쪽)**
밀랍가지는 글자를 대량으로 빠르게 만들기 위해 만들어. 거푸집에 넣을 반죽은 황토와 모래의 비율을 적절히 섞어 만들어야 해.

고 가마에 구워. 그럼 어떻게 될까? 뜨거운 온도에 밀랍이 녹겠지? 밀랍이 녹은 공간에 쇳물을 붓고 기다리면 활자가 완성된단다.

이런 과정으로 완성된 금속활자를 틀에 배열하고 넣으면 금속활자판을 만들 수 있어.

금속활자는 활자의 배열을 달리하여 여러 종류의 글을 제작할 수 있었어. 이로 인하여 고려인들은 시간과 비용을 절약하여 책을 만들어 낼 수 있었지. 또한 금속은 나무에 비해 쉽게 마모되지 않기 때문에 오랜 시간 좋은 상태로 보존할 수도 있었단다.

그런데 금속활자만을 가지고 책을 인쇄할 수 있었을까? 그렇지 않아! 금속활자를 활용하기 위해서는 여러 재료와 기술들이 필요하였어.

금속에 찢기지 않도록 닥종이로 만든 질기고 튼튼한 한지가 우선 필요

▶ **금속활자판**
활자를 자유롭게 배열하여 인쇄할 수 있었어.

하였고 선명하게 글이 찍혀 나올 수 있는 품질 좋은 먹 등이 필요하였지. 당시 고려인들은 필요한 모든 재료와 기술을 갖추고 있었어. 그래서 세계 최초의 금속활자 책 『직지심체요절』을 탄생시킬 수 있었단다.

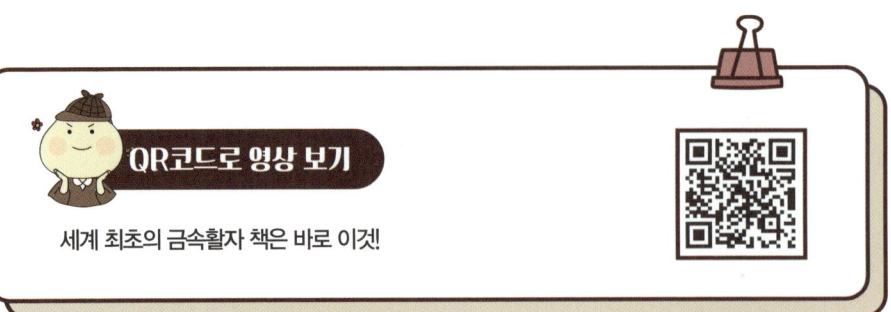

QR코드로 영상 보기

세계 최초의 금속활자 책은 바로 이것!

만두 탐정의 사건 돋보기

✅ **HINT** 세계 최초 금속활자 책, 초조대장경, 해인사, 부처님

팔만대장경과 『직지심체요절』에 대해 정리해 볼까?

팔만대장경

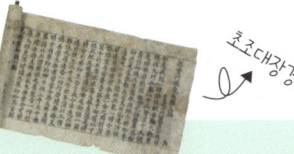
↳ 초조대장경

현재 합천 _____ 에 있고 유네스코 세계기록유산에도 등재된 이것은 무엇일까?

이것은 _____ 의 힘으로 나라를 지키고자 만들어졌어.

거란군의 침입 때 만든 _____ 이 불타버리자, 이를 대신하여 목판으로 새로 만든 대장경이 지금까지 전해지고 있어.

『직지심체요절』

↳ 금속활자판

옛날 사람들은 지식을 저장하고 공유하기 위해 목판과 금속활자를 활용하여 책을 만들었어. 이때 금속은 나무에 비해 쉽게 마모되지 않기 때문에 오랜 시간 좋은 상태로 보존할 수 있어.

『직지심체요절』은 현재 _____ 으로 유네스코 세계기록유산에 등재되어 있어.

정답: 해인사, 부처님, 초조대장경, 세계 최초 금속활자 책

 원나라의 간섭을 물리치고 고려를 개혁하라!

고려 말 백성들의 삶은 어땠을까? 원나라의 내정 간섭과 권문세족의 횡포로 백성들은 큰 어려움을 겪고 있었단다. 원나라는 무신 세력을 쫓아내는 데 도움을 주었다는 이유로 고려의 내정에 간섭하며 엄청난 양의 공물을 요구하였지. 공민왕 이전 고려의 왕들은 이름 앞에 충(忠) 자를 붙여 원나라에 대한 충성을 맹세했어.

그러나 공민왕이 고려의 왕으로 즉위하면서 고려에 변화의 바람이 불어오기 시작해.

공민왕은 몽골의 색깔을 지우고자 여러 개혁을 펼쳤어. 원나라가 몰락

▲ **공민왕**
원나라의 색깔을 제거하고 고려를 개혁하고자 노력한 고려의 왕이야.

▶ **쌍성총관부 수복**
쌍성총관부는 원나라가 고려를 직접 통치하기 위해 설치한 기관이야. 후에 조선을 건국하는 이성계의 아버지 이자춘은 고려가 쌍성총관부 지역을 되찾는 데 큰 공을 세워.

의 길에 놓여 있다고 생각한 공민왕은 고려 안 친원파 세력을 몰아내고 원나라의 지방 관청인 쌍성총관부를 공격해 되찾았어.

탐정의 비밀 노트
☑ **권문세족**
고려 후기 지배 세력. 원의 세력을 배경으로 성장.

국력이 쇠퇴하던 원나라는 공민왕의 이러한 움직임을 바라만 볼 수밖에 없었지. 기나긴 원나라의 간섭을 물리친 데 이어 공민왕은 왕권을 강화하려고 하였어. 하지만 공민왕의 이러한 개혁 정책을 방해하는 세력들이 있었어.

권문세족이라 불리는 그들은 당시 역사서에 산과 강을 경계로 땅을 나누었다는 기록이 있을 정도로 많은 재산을 가지고 있었어.

그들은 가난한 백성들의 땅을 힘으로 빼앗으며 자신들의 땅을 늘렸어.

▶ 권문세족의 횡포

이런 권문세족을 견제하려 했던 공민왕의 꿈은 끝내 이루어지지 못하였어. 고려의 권력은 결국 다시 권문세족에게 넘어가게 되었지. 그리고 고려는 끝없는 부패의 늪에 빠지고 말아. 이제 고려에는 더 이상의 희망이 없는 걸까?

만두 탐정의 사건 돋보기

✅ **HINT** 몽골 풍습, 권문세족, 쌍성총관부, 왕권

1. 고려 말 백성들의 삶…

권문세족: 산과 강을 경계로 땅을 나눌 정도로 많은 재산이 있었지. 다 백성들을 착취한 덕분 아니겠소? 하하.

원나라: 원나라의 지방 관청을 고려에 세워 그 지역을 다스리게 했고, 원에 많은 것들을 바치게 했지.

2. 공민왕의 개혁 정치

친원파 세력을 몰아내고 _____를 공격해 되찾았어.

_____의 힘을 약화시키고 _____을 강화하려고 하였어.

몽골식 의복과 두발 등의 _____을 폐지했어.

몽골 스타일

정답: 유○몽골풍, 권문세족, 왕권, 쌍성총관부

4부

조선 시대의 비밀을 풀다!

이성계, 말머리를 돌려 나라의 운명을 바꾸다

조선의 1대 왕 태조 이성계는 최영과 함께 북쪽으로는 홍건적, 남쪽으로는 일본 해적을 물리친 고려의 대표적 장군이야.

최영이 고려의 이름 있는 가문 출신인 것에 비해 이성계는 중앙 귀족 출신이 아니었어. 이성계는 개경과는 먼 동북 지역 출신으로 비록 개경에서 멀리 떨어진 지역이지만 탄탄한 군사력과 지역적 기반을 갖추고 있었지.

이성계는 뛰어난 무예 실력으로 홍건적과 왜를 물리치며 이름을 알리기 시작해. 고려 말

▶ 조선 태조 어진
세종 이후부터 조선의 왕들은 파란 옷이 아닌 붉은 곤룡포를 입었어.

▲ 철령 이북 지역
공민왕이 원으로부터 수복한 영토를 의미해.

　대표 권문세족이었던 이인임을 이성계는 최영과 함께 힘을 합쳐 몰아내었는데, 이를 계기로 이성계는 고려 중앙 정치에 발을 내딛을 수 있었어.
　고려는 당시 명나라의 무리한 조공 요구에 시달리고 있었어. 그러던 중 명나라가 철령 이북 지방은 자신의 땅이라며 고려에 내놓으라고 협박까지 하게 돼. 고려의 우왕은 강경한 태도를 전달하기 위해 요동을 정벌하자고 주장했지. 그런데 요동 정벌에 대한 고려 장군들의 생각이 서로 달랐어.
　최영은 요동 정벌을 기회로 명의 기세를 꺾자고 말하였어. 하지만 이성계는 다음의 네 가지 이유를 들어 반대했어.

첫째, 작은 나라가 큰 나라를 치는 것은 잘못이다. 고려는 명과는 대결할 수 없는 약소국이다.

둘째, 많은 군대가 움직일 경우 이 틈을 타 왜적이 쳐들어올 가능성이 크다.

셋째, 여름철이기 때문에 전쟁에 적합하지 않다. 여름은 농사에 있어 굉장히 중요한 시기인데 여름철에 전쟁이 일어나면 백성들의 생활을 위협할 수 있다.

넷째, 장마철인 지금은 활에 먹인 아교가 풀리고 군사들이 전염병에 걸릴 확률이 높아져 군사적 손실이 클 것이다.

이를 이성계의 4불가론이라고 해.
이성계의 반대에도 불구하고 우왕과 최영은 요동 정벌 의지를 굽히지 않았어. 우왕은 요동 정벌을 명령하였지. 그런데 우왕은 반란을 우려한 이유로 총사령관 최영에게 자신과 함께 있어 달라고 부

▶ **우왕과 최영**
우왕과 최영은 사위와 장인어른의 사이였어. 평소 우왕이 최영에게 많이 의지했다는 이야기가 있어.

탁하였어. 그리고 이를 최영이 받아들였지.

4만여 정벌군은 총사령관 최영 없이 압록강으로 향했어.
하루라도 빨리 도착해야 한다는 최영의 재촉에도 불구하고 이성계는 무려 19일이나 걸려 위화도에 도착하였어. 후에 이성계가 개경으로 돌아오는 데 9일이 걸렸다는 기록과 비교해보면 이성계가 의도적으로 행군을 지체시켰다고 생각해 볼 수 있지.

위화도는 압록강의 한가운데 위치한 섬이야. 그리고 강을 건너면 바로 '요동'이야. 강을 건넌다는 건 명나라와의 전쟁을 의미했지.

이성계의 군대는 강을 건널 생각이 없는 듯 진을 친 채 14일 동안 그저 지켜보고만 있었어. 이성계는 군사들이 굶어 죽고, 장마철에 불어난 물이 너무 깊어 건너기 곤란하다는 것을 이유로 평양에 있는 우왕과 최영에게

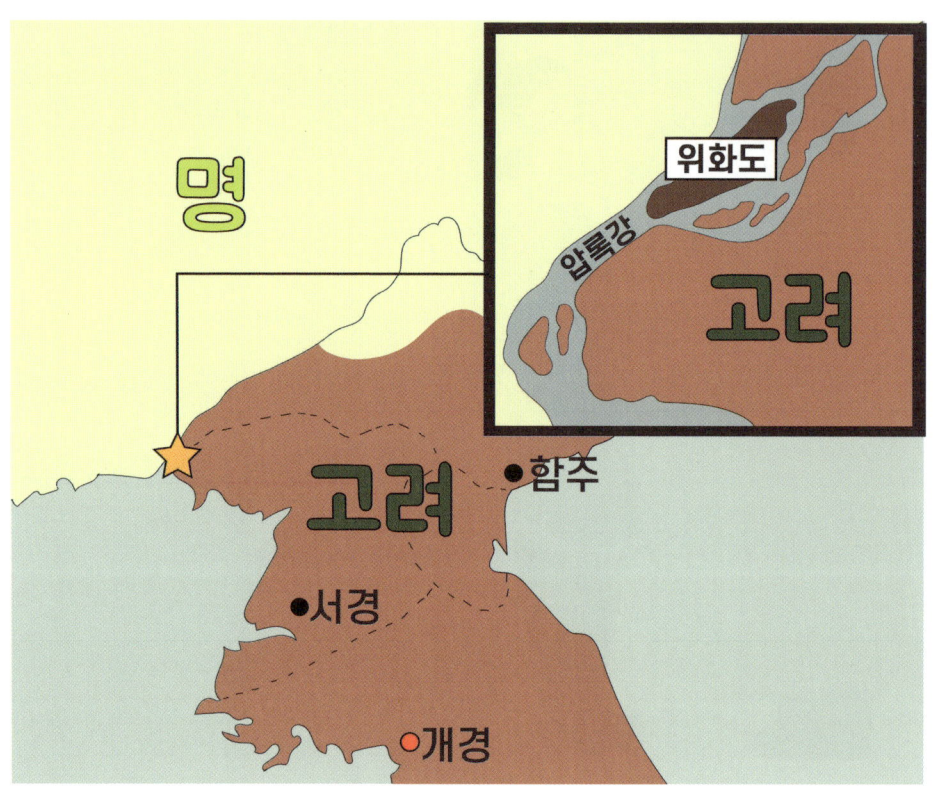

▲ 위화도의 위치
위화도에서 압록강만 건너면 명나라 땅이야. 군사를 거느리고 다른 나라의 땅에 들어선다는 것은 곧 전쟁을 의미하지.

군대를 돌릴 것을 부탁하였지만, 돌아온 것은 빨리 강을 건너 요동 정벌에 나서라는 명령뿐이었어.

결국 이성계는 위화도에서 요동으로 넘어가지 않고 군대를 돌리게 되는데, 이 사건을 위화도에서 군사들을 돌렸다 하여 '위화도 회군(回軍)'이라고 부른단다.

이성계가 위화도에서 군사를 돌려 돌아온다는 소식을 들은 우왕과 최영은 명령을 따르지 않은 이성계를 막기 위해 군사들을 모아 맞섰지만 애초에 요동을 정벌하라고 이성계에게 많은 군대를 내주었기 때문에 결국 지고 말았지. 이성계와의 싸움에서 지고 만 우왕은 강화도로 쫓겨나고 최영은 유배를 떠나 죽음을 맞이하게 돼.

위화도 회군의 결과 이성계는 고려의 정권을 장악하게 되고, 자연스레 고려 조정은 이성계의 사람들로 들어차게 돼. 이때 군사 문제에 있어서는 전문가이지만 정치인으로서는 부족했던 이성계를 도와준 세력이 있었어. 바로 신진사대부였지.

학식이 풍부하고 명석했던 신진사대부들은 부패한 고려를 개혁하고자 이성계를 도왔어. 그런데 이 신진사대부는 고려를 개혁하는 방향을 두고 온건파와 급진파로 나뉘었어. 정몽주를 포함한 온건파가 고려 왕조를 유지하며 점진적으로 개혁할 것을 주장한 반면 정도전, 이방원을 포함한 급진파는 새로운 왕조를 세우려 하였지.

▶ 정몽주
고려 말 신진사대부로 이방원의 손에 죽었으나 충신이 필요했던 이방원에 의해 전설이 되었어.

위화도 회군 이후 급진파 쪽으로 힘이 기울어지던 상황에서 고려 왕조를 끝까지 지키려고 몸부림치던 정몽주에게 이성계 일파를 제거할 기회가 생겼어. 사냥 중 이성계가 말에서 떨어져 몸을 크게 다치게 된 거야. 이를 틈 타 정몽주는 이성계 일파를 제거하려 하였지만 이성계의 다섯째 아들 이방원 때문에 계획한 일이 틀어져 버리게 돼. 실망한 정몽주는 이성계의 몸 상태를 알아보기 위해 병문안을 핑계로 호랑이 굴이나 다름없는 이성계의 집으로 스스로 찾아갔어.

이때 정몽주와 만난 이방원은 정몽주에게 시를 한 수 들려주었는데, 그게 바로 유명한 〈하여가(何如歌)〉야.

하여가(何如歌)

이런들 어떠하며 저런들 어떠하리
만수산 드렁칡이 얽어진들 어떠하리
우리도 이같이 얽어져 백년까지 누리리라.

고려에 대한 일편단심을 거두고 우리 편에 붙어서 함께 영원히 살아가자는 설득이었어. 정몽주는 〈단심가(丹心歌)〉로 답하였어. 나는 몇 번을 죽어도 고려 왕조를 섬길 것이니, 나를 설득할 생각을 버리라는 경고였지.

이 시를 듣고 이방원은 정몽주를 설득하는 것을 포기하게 돼. 그리고

단심가(丹心歌)

이 몸이 죽어죽어 일백 번 고쳐죽어
백골이 진토되어 넋이라도 있고 없고
님 향한 일편단심이야 가실 줄이 있으랴.

급하게 부하를 시켜 집으로 돌아가는 정몽주를 선죽교에서 죽인단다. 자신을 끝까지 견제하던 정몽주까지 사라지자 이성계는 결국 1392년, 공양왕을 폐위시키고 새로운 나라 조선을 건국하였어.

그리고 스스로 왕위에 올랐단다.

QR코드로 영상 보기

1. 나라의 운명을 바꾼 위화도 회군을 영상으로 만나 보자.
2. 이방원 vs 정몽주 영상으로 재미있게 알아보자.

만두 탐정의 사건 돋보기

요동 정벌에 대한 최영과 이성계의 의견

최영 — 요동정벌 GO

"명나라에 대한 강경한 태도를 보여주야 합니다! 요동 정벌을 기회로 명의 기세를 꺾어 버려야 합니다."

이성계 — 요동정벌 NO

"요동 정벌은 다음의 이유로 불가능합니다."

❶ 작은 나라가 큰 나라를 치는 것은 잘못입니다.

❷ 틈을 타 왜적이 쳐 들어올 가능성이 있습니다.

❸ 여름은 농사에 중요한 시기입니다.

❹ 군사들이 전염병에 걸릴 확률이 높습니다.

결국 이성계는 위화도에서 요동으로 넘어가지 않고 군대를 돌리게 되는데 이 사건을 **'위화도 회군'**이라고 부른단다.

만두 탐정의 사건 돋보기

☑ **HINT** 이성계, 신진사대부, 조선, 이방원, 점진적으로 개혁, 새로운 왕조, 정몽주

1. 신진사대부의 등장

학식이 풍부하고 명석한 우리 _____ 들이 부패한 고려를 개혁하고자 이성계를 도왔소.

2. 고려를 개혁하는 방향을 두고

| 온건파 대표 |
고려 왕조를 유지하며 _____ 해야 할 것입니다. <단심가>로도 제 마음을 표현했지요.

| 급진파 대표 |
고려는 이미 국운이 다했소. _____ 를 세워야 하오. <하여가>로 정몽주를 설득하려 했으나 소용없더군.

3. 고려의 운명은...

결국 급진파가 승리하고 _____ 는 1392년 새로운 나라 _____ 을 건국한 후, 왕위에 오르게 된단다.

정답: 신진사대부, 점진적으로 개혁, 새로운 왕조, 이방원, 시대운동, 조선, 이성계

 미션 1394, 유교 국가의 수도를 건설하라

당시 사람들 모두가 새로운 나라 조선을 기쁜 마음으로 받아들였을까? '두문불출(杜門不出)'이라는 말을 들어 본 적이 있니? 두문불출이라는 사자성어는 고려를 그리워하며 절개를 지킨 선비들에서 나온 말이야.

조선이 건국되고 수십 명의 고려 선비들은 벼슬을 버리고 두문동이라는 골짜기에 가서 나오지 않았어. 설득에도 나오지 않는 그들을 밖으로 나오게 하려고 이성계는 그들이 살고 있는 집에 불을 내었어. 불을 피해 고려 선비들이 밖으로 나오지 않을까 하는 생각이었지. 하지만 고려의 선비들은 밖으로 나오는 대신 그 자리에서 죽음을 맞이하였어. 새로운 세상으로 끝까지 걸어 나오지 않은 거지. 두문불출은 여기에서 나온 말이란다.

이렇게 새로운 나라 '조선'에서는 고려를 그리워하는 사람들이 많았어. 그러한 이유로 이성계는 고려의 수도였던 개경을 떠나 새로운 곳으로 도읍을 옮기고 싶어 했어.

그는 새 도읍지로 적당한 곳을 찾기 위해 떠났어. 새 도읍지로 처음 생각한 곳은 계룡산 일대였지.

하지만 비좁고 교통이 불편하다는 이유로 계룡산 대신, 현재 광화문 일대인 한양이 조선의 새로운 도읍지로 최종 선택되었단다.

이성계는 한강이 있어 뱃길이 통하고 나라 안의 거리가 고르니 편리할 것이라는 이유를 들며 수도를 한양으로 옮길 것을 명령했어.

이성계는 조선의 설계를 정도전에게 맡겼단다. 궁궐의 완공을 축하하는 자리에서 정도전은 오랜 기간 큰 복을 누리라는 의미로 '경복(景福)'을 붙여 궁궐의 이름을 지었지.

정도전은 경복궁 안 건물들의 이름도 각각 지었어. 부지런히 정사를 돌보라고 근정전(勤政殿), 올바른 정치를 생각하라고 사정전(思政殿), 침상에서 늘 평안하라고 강녕전(康寧殿)이라 이름 붙였지. 경복궁의 남쪽에 위치한 광화문(光化門) 밖으로는 큰길을 내고 길 양쪽에 나랏일을 하는 관청을 세

▶ **정도전**
이성계와 힘을 합쳐 고려를 무너뜨리고 새로운 나라 조선의 설계를 맡게 돼.

▲ **경복궁**
초기 소박하고 검소하게 지어졌던 경복궁은 흥선대원군에 의해 그 크기가 10배 가까이 커져.

웠단다. 이 길은 후에 육조거리라고 불려.

물론 외적의 침입에 대비할 성도 필요했겠지? 정도전은 수도 한양을 에워싸는 성을 쌓고 유교에서 중시하는 덕목을 활용하여 도성을 드나드는 대문에 이름을 붙였어. 동쪽 대문은 흥인문, 서쪽 대문은 돈의문, 남쪽 대문은 숭례문, 북쪽 대문은 숙정문이라고 이름 붙였지. 중앙에는 종각을 짓고 커다란 종을 매달아 보신각이라고 했어.

마지막으로 백성들이 살 곳도 마련해 주어야겠지? 백성들이 집 지을 땅은 나라에서 신분에 따라 나누어 주었어. 지금의 북촌, 즉 경복궁 동쪽에 높은 관리들의 집을 짓고 청계천 남쪽에는 주로 백성들이 살게 하였단다.

자, 이렇게 하여 앞으로 500여 년 동안 조선을 이끌어 나갈 새 도읍지, 한양이 철저히 계획적으로 완성되었어.

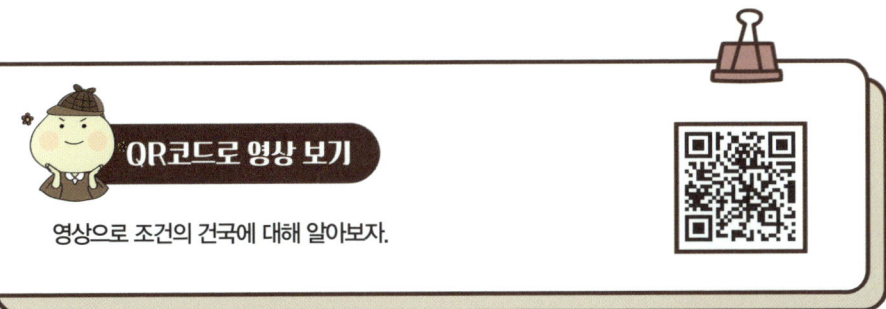

QR코드로 영상 보기
영상으로 조건의 건국에 대해 알아보자.

만두 탐정의 사건 돋보기

✅ **HINT** 숭례문, 정도전, 경복궁

정도전의 조선 설계도

한양이 조선의 도읍지로 결정되었군. 나 _____, 유교에서 중요한 '인의예지신'을 활용하여 조선을 설계해야겠어.

조선 설계도

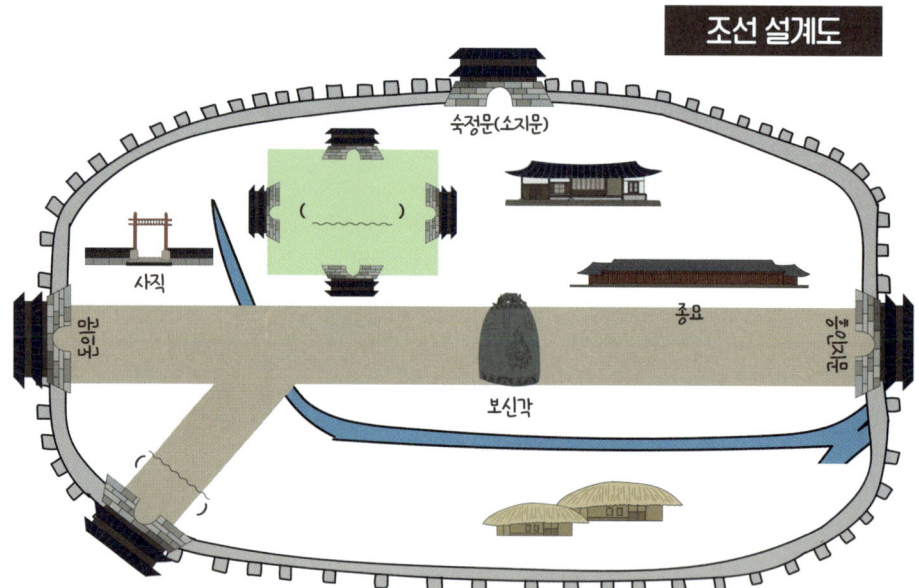

이렇게 하여 앞으로 500여 년 동안 조선을 이끌어 나갈 새 도읍지 한양이 계획적으로 완성되었어.

 백성을 사랑한 임금, 세종대왕

어느 날 잠을 자고 일어나니 낯선 곳이었어. 주위를 둘러보니 뒤에 커다란 병풍이 있는데 어디선가 TV에서 많이 본 곳이었어. 여긴 어딜까? 거울 속 내 모습을 보니 빨간색 곤룡포를 입고 머리엔 익선관을 쓰고 있어.

맙소사 내가 조선의 왕이 된 거야. '흠흠, 이제 왕이 되었으니 어렵고 힘든 공부는 그만두고 하고 싶은 것만 하고 살아야지!'라고 생각하는 친구들도 있을 거야.

여기서 하나 궁금증이 생기지? 조선 시대 왕들은 과연 우리가 생각하는 대로 하고 싶은 것만 하며 살았을까?

조선 시대 왕은 하루에 3번 공부해야만 했단다. 나라의 일을 처리하기에도 바쁜데 하루에 3번이나 신하들과 함께 공부해야 했다니 얼마나 힘들었겠어. 실제로 핑계를 대며 공부하는 시간을 피하려 했던 왕들도 있었다고 해.

▲ 세종대왕
세종대왕은 눈병으로 고생하는 중에도 백성을
사랑하는 마음으로 한글을 만들었단다.

그런데 이 시간을 즐겼던 왕이 있었어. 누구일까? 바로 우리나라 역사상 가장 위대한 임금인 세종대왕이었지.

세종대왕의 취미는 무엇이었을까? 바로 독서였어. 세종대왕은 책 읽는 것을 정말 좋아했어. 책이 닳아 없어질 때까지 여러 번 읽을 정도로 책을 사랑했지.

세종대왕은 여러 분야에 관심이 많았고 일하는 것을 좋아했어. 하지만 혼자만의 힘으로 이 모든 일을 할 수 없었기에 함께 일할 사람을 찾고 그에게 일을 믿고 맡겼단다. 그 결과 여러 분야에서 최고의 전문가들이 등장할 수 있었어.

그중 대표적인 인물이 황희 정승이야. 세종대왕은 황희에게 정승 자리를 무려 24년간 믿고 맡겼지. 늙고 병들어 움직이기도 힘들다는 황희 정승에게 세종대왕은 누워서 일해도 좋으니 함께 계속 일을 하자고 말하였지. 결국 황희 정승은 87세의 나이에 자리에서 물러나게 돼. 그만큼 세종대왕은 황희를 정치 전문가로 신뢰하였어.

그리고 세종대왕은 음악은 박연 그리고 북방의 일은 김종서에게 맡겼어. 박연은 궁중 음악을 정비하고 우리나라에 맞게 음악을 고쳤어. 세종대왕은 음악에도 재능이 있었는데 박연이 제작한 편경의 소리를 듣고 한음이 높다고 지적하여 음을 바르게 한 일화도 있단다. 세종대왕은 정말로 재능이 많은 왕이었던 것 같아.

▶ **편경**
편경은 'ㄱ' 자 형태의 두께가 다른 16개의 돌로 만들어졌어. 편경은 16개의 다른 음을 낼 수 있는데 두께가 두꺼울수록 높은음을 낼 수 있어.

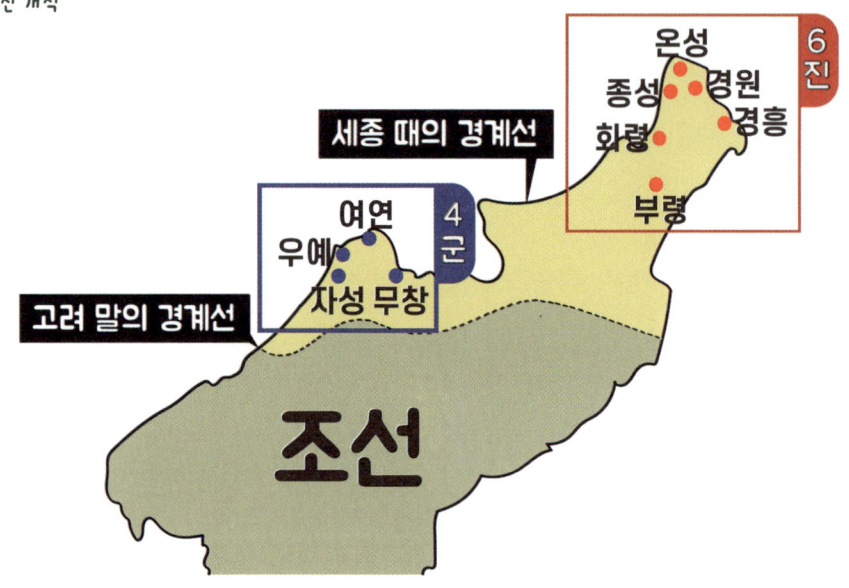

▶ 4군 6진 개척

세종대왕은 김종서에게 7년간 북방의 경계와 수비를 맡겼는데 그 결과 김종서는 두만강 유역에 군사적 목적의 행정구역인 6진을 개척할 수 있었지. 이때부터 한반도는 지금처럼 압록강과 두만강을 경계로 하게 되었단다.

백성 대부분이 농사를 짓던 조선 시대, 세종대왕은 백성들을 위하여 각 지역에 맞는 농사법을 정리하여 『농사직설』이라는 책을 만들고 나눠 주었어. 그리고 농사를 하는 데 필요한 날씨와 시간, 강수량에 대한 정보를 백성들에게 알려 주고자 다양한 과학 기구 또한 발명하게 했지.

정확한 시간이나 계절의 변화를 예측하기 위해 해와 달의 움직임을 관측할 수 있는 혼천의가 만들어졌고, 비의 양을 정확하게 예측하기 위해

◀ 측우기
측우기는 장영실이 아닌 문종이 발명했다고 해.

▶ 앙부일구
궁궐이나 관청뿐 아니라 백성들도 사용할 수 있었어.

측우기가 만들어졌어.

솥뚜껑을 뒤집어 놓은 듯한 모습을 한 해시계라는 뜻의 앙부일구는 백성들에게 시간을 알려 주기 위해 개발되었지. 그런데 저녁이나 비가 와서 해가 뜨지 않는 날에는 어떻게 시간을 측정하였을까? 이 문제 또한 해결하기 위해 세종대왕은 해 없이도 시간을 측정할 수 있는 물시계인 자격루를 만들었어.

이외에도 많은 과학 기구들이 장영실과 여러 학자들의 연구를 통해 만들어졌단다. 세종대왕 시대는 이렇듯 과학 기술과 혁신이 꽃을 피우던 시대였어. 능력만 있다면 신분과 상관없이 그 능력을 발휘할 수 있도록 기회를 주어서 가능했던 일이었지.

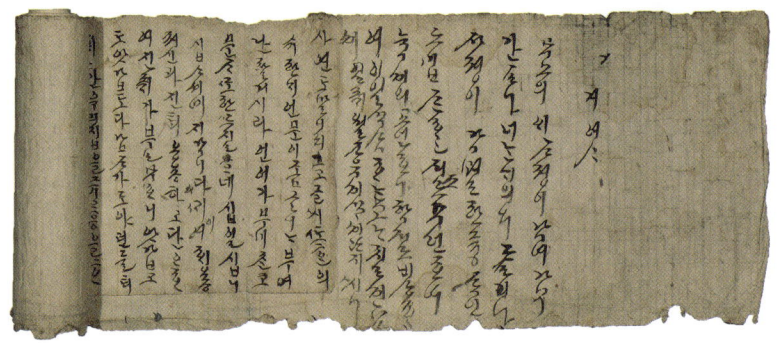

▲ 훈민정음
본래 한자는 순서를 바꾸면 완전히 다른 의미가 돼. 하지만 훈민정음은 민음훈정, 음정민훈처럼 한자의 순서를 바꿔도 뜻이 통한단다.

자, 세종대왕 이야기에 왜 이 이야기가 안 나오나 했을 거야. 세종대왕의 가장 큰 업적은 누가 뭐라 해도 새로운 글자, 훈민정음을 만든 거야. 당시 지배층인 양반들은 글자를 모른다는 이유로 백성들을 무시했어. 먹고살기 바빴던 백성들에게 한자는 배우기 어려운 글자였지.

세종대왕은 백성들이 글자를 몰라서 억울한 일을 당하지 않도록 새로운 글자를 만들려 했어. 그게 바로 훈민정음이야.

훈민정음(訓民正音)은 '백성을 가르치는 바른 소리'라는 의미로 전 세계 글자 중 유일하게 만든 사람과 만든 시기를 알 수 있는 글자야.

훈민정음 해례본에는 훈민정음이 만들어진 이유와 글자를 만든 원리가 설명되어 있는데, 세종대왕께서 백성이 글자를 빠르고 쉽게 익힐 수 있도록 스물여덟 자의 한글을 직접 만드셨다고 적혀 있지.

훈민정음은 혀와 입술의 모양에서 과학적 원리를 찾아 만들어진 글로,

한자로 표현하기 어려운 바람 소리, 개 짖는 소리 등 우리 입으로 말하는 많은 말들을 글로 표현해 쓸 수 있단다.

그럼 백성들이 새로운 글자, 훈민정음을 익히는 데 어느 정도의 시간이 필요했을까? 기록에는 똑똑한 사람은 반나절이면 깨우치고, 어리석은 사람 역시 열흘이면 배울 수 있다고 나와 있어.

우리글로 풀어 보급된 『삼강행실도』나 『효경』 등의 책 덕분에 유교보다 불교에 익숙했던 당시 백성들도 유교의 가르침을 쉽게 이해할 수 있게 되었어.

세계의 언어학자들이 감탄하는 훈민정음에는 백성의 소리를 듣고 그들과 직접 소통하려 했던 세종대왕의 애민(愛民)정신이 잘 담겨 있단다.

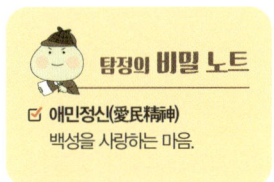

만두 탐정의 사건 돋보기

✅ **HINT** 측우기, 앙부일구, 6진, 훈민정음

세종대왕의 업적들을 살펴볼까?

박연에게 궁중 음악을 정비하고 우리나라에 맞게 음악을 고치도록 명하였어.

4군 _____ 을 개척하여 현재에 가까운 우리나라의 영토를 국경선으로 확보했어.

『농사직설』, 혼천의, _____ 등과 같이 농사를 하는 데 필요한 책과 많은 과학 기구들이 발명되었어.

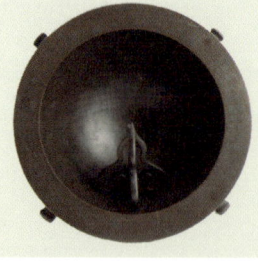

_____ 와 자격루가 백성들에게 시간을 알려 주기 위해 발명되었어.

백성을 가르치는 바른 소리인 _____ 을 창제했어.

정답: 6진, 측우기, 앙부일구, 훈민정음

유교가 변화시킨 사회의 모습은 어땠을까?

응애! 응애! 한날한시에 4명의 아기가 태어났어. 같은 시간에 태어난 네 아기의 이름은 김정승, 홍길동, 박농민, 김노비였지.

이 아기들은 훗날 엄청나게 다른 삶의 길을 걸어. 인생의 방향이 조선 시대의 '이것' 때문에 많이 달라진 것이란다. '이것' 때문에 자신의 꿈을 포기하기도, 혹은 꿈조차도 꿀 수 없게 되지. '이것'은 과연 무엇일까?

조선 시대의 주요 이념은 유교였어. 유교 시대였던 조선 시대의 생활을 들여다보면 남자와 여자, 어른과 아이, 양반과 다른 신분이 철저히 구분되었음을 볼 수 있단다. 유교적 질서 아래에서 조선을 이끌어 갈 커다란 틀, '신분제도'가 만들어진 거야. 그래, 앞에서 말한 아기들의 삶 또한 '신분제도' 때문에 많이 달라진 것이지.

조선의 신분제도는 양천제로 양반, 중인, 상민은 양인에 속하고 노비와 백정 등은 천인에 속했어.

양인은 누구나 과거를 볼 수 있었으나 현실은 그렇지 못했어. 왜 그랬냐고? 그건 지금부터 조선 시대의 김정승, 홍길동, 박농민, 김노비의 삶을

양반 ▶

보면 알 수 있을 거야. 신분에 따라 생활 모습이 얼마나 달랐는지 잠시 들여다볼까?

양반 김정승의 할아버지는 문반, 아버지는 무반으로 둘 다 나라의 관리야. 둘 다 높은 점수로 시험에 합격하여 관리가 되었지. 할아버지와 아버지처럼 관리가 되는 것이 김정승의 꿈이야. 그래서 노비들이 차려 주는 음식을 배부르게 먹고 서둘러 서원으로 향했지. 늘 생각하지만 읽어야 할 책이 너무 많아.

한글로 책이 쓰여 있으면 쉽게 공부할 수 있었을 텐데 한자로 책이 쓰여 있어 너무 어렵다고 김정승은 생각했어.

◀ **중인**

중인 홍길동은 아버지를 아버지라 부르지 못해 속상했어. 동네 사람들은 그 이유를 홍길동의 어머니가 정식 부인이 아닌 첩이기

138

때문이라 말했찌. 홍길동처럼 태어난 아이들은, 양반이라 불리지 못하고 서얼이라 불리는 중인의 신분이었어.

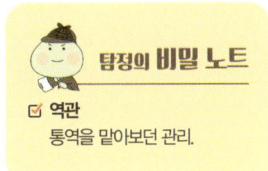

☑ 역관
통역을 맡아보던 관리.

홍길동은 양반들과 어울릴 수 없어 같은 신분의 친구들과 어울려 지내야 했어. 중인 친구들은 아버지의 직업을 그대로 물려받아 자신의 분야에 전문적인 지식과 기술을 갖춘 친구들이 많았지. 화원인 친구가 그려준 그림은 지금 봐도 정말 멋진 것 같아. 오늘은 명나라와 일본을 다녀온 역관 친구가 조선에 돌아오는 날이야. 다른 나라의 이야기를 듣는 것은 항상 재미있어.

상민 ▶

상민 박농민은 오늘도 아침 일찍 일어나 농사일을 하러 집을 떠났어. 나라에 낼 세금을 마련하기 위해서라도 오늘도 열심히 일해야 해. 지나가는 양반이 박농민에게 너도 양인이니 공부하면 관리가 될 수 있다고 얘기하였어.

박농민은 양반에게 절을 하며 "저 같은 까막눈이 어찌 그 어려운 글공부를 하겠습니까? 먹고 살기 바빠 공부할 시간도 없습니다"라고 답하였지.

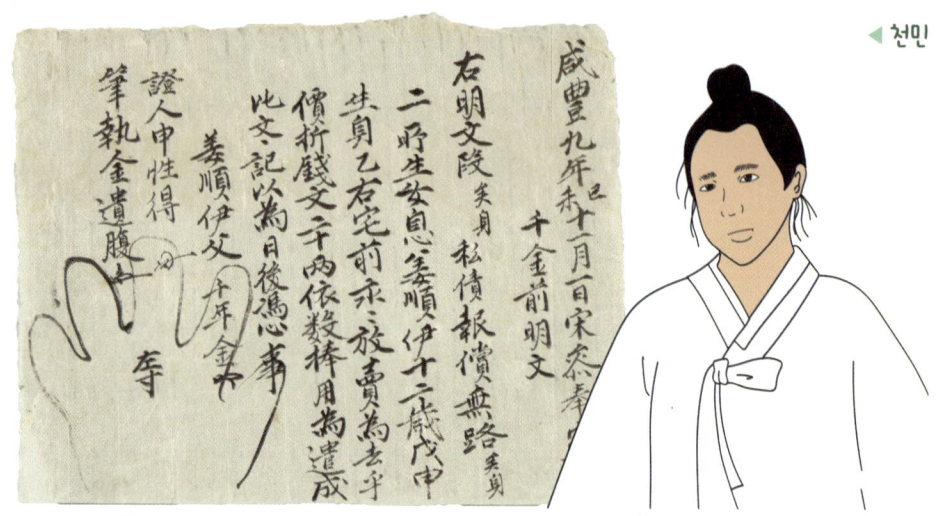

▲ 천민

▲ 노비매매 문서
손도장을 찍어 계약을 체결했다는 것을 알 수 있어.

천민 김노비는 관청에 속한 관(官)노비였어. 그의 아버지와 어머니 모두가 관노비였으므로 아들인 김노비도 관노비가 된 거지. 일하러 관청으로 가는 길에 김노비는 친구 최노비와 마주쳤어.

최노비는 양반 김정승의 집에서 일하는 사(私)노비였지. 최노비는 김정승 집에 면포를 납부하러 가는 길이래.

탐정의 비밀 노트
☑ 관노비
관청에 속해 있는 노비.
☑ 사노비
개인에 속해 있는 노비.

최노비와 인사를 나누고 김노비는 그 길로 관청에 들어가 관청의 앞마당을 빗자루로 쓸었어. 일이 끝난 후, 김노비는 마을의 성벽으로 향했어. 최근 외적의 침입으로 성벽이 무너져 성벽을 다시 쌓아야만 했어. 자식은 이런 어려움을 겪지 않았으면 좋겠다는 생각에 잠겨 있던 김노비는 자신을 부르는 소리에 정신이 번쩍 들어 다시 일에 집중했어.

　한날한시에 태어난 네 사람의 삶이 '신분'에 따라 정말 많이 달라졌어. 그치? 그럼 이번엔 조선 시대 여성들의 삶에 대해 잠시 알아볼까?
　보통 조선 시대의 여성은 남성에 비해 사회적으로 차별을 많이 받았다고 알고 있을 거야. 그런데 조선 전기 여성들은 남자 형제와 똑같이 재산을 상속받았고 제사도 돌아가며 지냈어. 성별에 따른 차이가 없었지. 하지만 조선 후기 유교적 이념이 강조되면서 여성들의 사회적 활동은 많은 부분에서 제약을 받게 돼.
　집안의 재산은 제사를 담당할 장자에게 집중되기 시작했으며 여성들은 결혼 후 남편 집으로 가 시집살이를 해야 했어.
　유교 질서에서 여성은 결혼하기 전에는 아버지를, 결혼하고 나서는 남편을, 남편이 죽으면 아들을 따라야 했어. 이는 조선 사회가 여성들의 자유를 얼마나 억압하였는지를 잘 보여 준단다.

만두 탐정의 사건 돋보기

조선 시대 신분제도

양인
천민

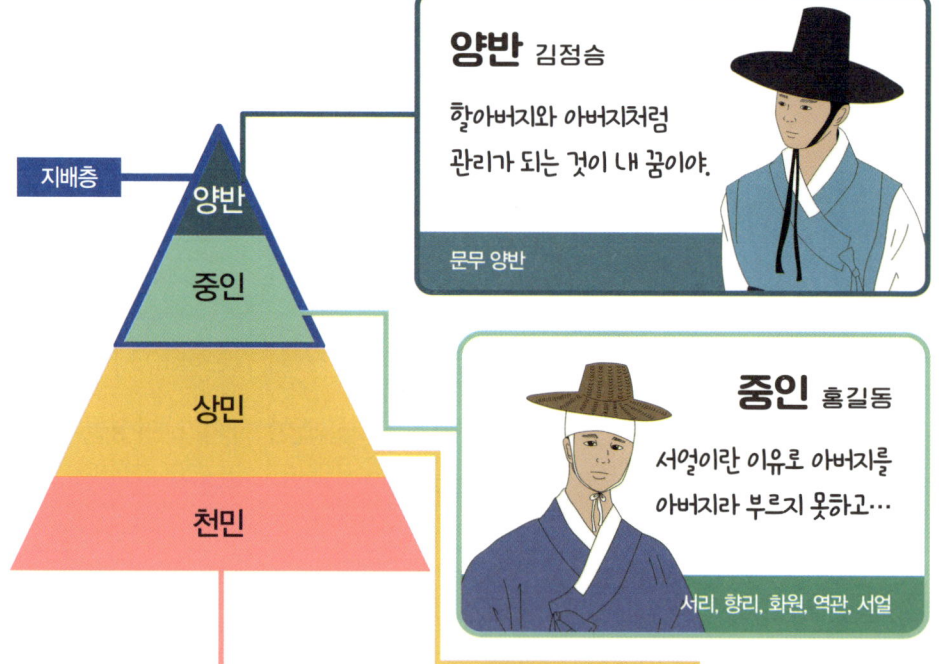

양반 김정승
할아버지와 아버지처럼 관리가 되는 것이 내 꿈이야.
문무 양반

중인 홍길동
서얼이란 이유로 아버지를 아버지라 부르지 못하고…
서리, 향리, 화원, 역관, 서얼

상민 박농민
나라에 낼 세금을 마련하기 위해서라도 오늘도 열심히 일해야 해.
농민, 상인, 수공업자

지배층
양반
중인
상민
천민

천민 김노비
아버지, 어머니 모두 관노비라 나도 태어나니 이미 노비였지.
노비, 백정, 광대, 무당

죽고자 하면 살 것이요, 살고자 하면 죽을 것이다

군사력을 키우고 국방에 힘을 쏟았던 건국 초기와는 달리 200년 동안의 평화가 지속되며 조선의 국방은 점차 약해져 갔어. 군사 훈련이나 전술에 대해 아는 것이 없는 사람이 장수가 되고 가장 약한 처지의 사람들이 병사로 차출되어 나라를 지켰지.

반면 일본에서는 도요토미 히데요시가 분열되었던 일본을 하나로 통일시켜 힘을 키워 나가고 있었지. 일본에 통신사로 갔다 돌아온 황윤길과 김성일은 일본의 침략 가능성을 묻는 선조의 질문에 각기 다른 대답을 했어.

▶ **도요토미 히데요시**
일본의 전국 시대를 통일한 인물이야. 대륙까지 진출하겠다는 그의 야욕으로 말미암아 임진왜란이 발발해.

▶ 조총
신무기 조총으로 무장한 일본군에 조선 군은 속절없이 무너졌어.

황윤길이 "저들은 틀림없이 공격해 올 것으로 보인다"라고 말한 반면 김성일은 "도요토미 히데요시는 쥐같이 생긴 몰골로 두려워 할 인물이 못 돼 보인다"라고 말하며 일본의 침입은 없을 것이라고 말했어.

선조는 김성일의 의견을 따르고 일본의 침입에 대비하지 않았단다.

1592년 4월, 100여 년간의 전쟁으로 잘 훈련된 일본군 20만이 부산 앞바다에 들이닥쳤어. 임진왜란의 시작이었어.

일본군은 단숨에 부산을 함락시키고 수도 한양을 향해 무서운 기세로 나아갔어. 결국 한 달이 못 되어 수도 한양은 함락되었고 선조는 조정 대신들을 이끌고 북쪽으로 피란을 떠났단다. 전쟁은 일본군의 승리로 끝날 것 같았지. 무능한 관군이 싸우지 않고 도망치기 바쁠 때, 나라를 지키기 위해 의병이 등장했어.

의병은 나라가 위기에 처했을 때 외적에 대항하기 위하여 스스로 일어난 사람들로, 관군과 달리 정식 훈련을 받지 못했음에도 불구하고 나라에 대한 충성심으로 일본군에 맞서 열심히 싸웠지.

의병의 신분은 양반에서부터 천민에 이르기까지 다양했어. 유교의 나라 조선에서 탄압받던 불교의 승려들도 이때 나라를 지키기 위해 의병에 합류했단다.

의병을 처음 일으킨 사람은 누구였을까? 바로 곽재우 장군이야. 곽재우 장군은 본래 공부를 하는 선비였지만 일본군의 침입에 맞서 붓을 버리고 칼을 손에 쥔 채 전장으로 나갔단다. 곽재우 장군의 등장 이후, 자기 고장과 나라를 지키고자 하는 의병들이 전국적으로 일어나게 돼.

▼ 곽재우 장군 전투
곽재우 장군은 항상 붉은 옷을 입고 다녀 홍의 장군이라 불렸어.

▲ 이순신 장군
해전에서 전승을 거두며 위기에 빠진 나라를 구해냈어.

육지에서 의병이 활약할 때 바다에서는 이순신 장군이 일본 수군을 무찌르고 있었어. 이순신 장군은 판옥선과 거북선을 만들고 식량과 무기를 준비하는 등 일본의 침입에 대비하고 있었어.

조선군은 옥포해전에서 첫 승리를 거둔 후 이어지는 전투에서 모두 승리하며 전라도와 충청도의 곡창 지대를 지킬 수 있었어. 특히 한산도 앞바다에서 이순신 장군은 학익진 전술로 적선 59척을 격침시켰는데, 이 전투를 한산도 대첩이라고 한단다.

조선 수군에 연이어 패한 일본군은 식량과 각종 필수품을 운반하는 길이 끊기며 큰 타격을 받게 돼.

조선 수군의 활약에 조선 육군도 함께 힘을 내기 시작했어. 권율이 이끄는 2천 3백여 명의 조선군은 행주산성에서 일본의 3만 군사에 맞섰고, 맹렬하게 싸운 끝에 일본군을 물리쳤어. 이 싸움을 행주 대첩이라고 해.

▲ 학익진
학이 날개를 펼치는 형태를 닮아 붙여진 이름이야. 중앙에 있는 적을 포위하고 집중 공격하기 좋았지.

행주 대첩에서 크게 패한 일본은 조선을 도우러 온 명나라에 강화 회담을 제안했지. 터무니없는 일본의 제안에 회담은 결렬되었고 일본은 다시 조선을 침입했어. 정유재란이었어.

이때 이순신 장군은 왕의 출격 명령을 어겼다는 죄목으로 옥에 갇혀 있었어.

▶ 백의종군하는 이순신
흰색 옷을 입는 것은 벼슬이 없다는 것을 의미해. 나라를 위해 수많은 공을 세운 이순신 장군은 왕의 명령으로 한순간에 벼슬을 잃게 돼.

이순신 장군을 대신하여 조선 수군을 이끈 원균은 칠천량 앞바다에서 일본군에 크게 패하고 주력 함대였던 판옥선과 거북선의 대부분이 침몰했어. 이제 조선 수군에게는 배 열두 척만이 남아 있었지.

다급해진 왕은 이순신 장군을 다시 삼도수군통제사로 임명하고 이순신 장군에게 조선 수군을 맡겼어.

칠천량 해전 패배의 충격에서 벗어나지 못해 도망가는 병사들에게 이순신 장군은 "죽기를 각오하고 싸우면 반드시 살 것이나 살려고 한다면 반드시 죽을 것이다"라고 말하며 병사들을 독려하였어.

무너진 수군을 버리고 육지 전투에 힘쓰라는 조정에 이순신 장군은 "지금 신에게는 아직도 전선 열두 척이 있나이다. 나아가 죽기로 싸운다면 해볼만 하옵니다"라고 답하며 열두 척의 배를 이끌고 결전지로 향했어.

이순신 장군 ▶

이순신 장군이 싸울 장소로 선택한 곳은 폭이 좁아 물살이 빠른 명량 해협이었어. 이순신 장군의 지휘 아래 조선 수군은 대포와 화살을 일본군을 향해 퍼부었고 그 결과 일본의 배 여러 척을 격침시켰어.

열두 척의 배로 130여 척의 일본 수군을 물리친 거야. 이를 명량해전이라고 한단다. 전쟁의 승리로 조선 수군은 남해안 일대를 다시 장악하게 되었고 일본군은 한반도 내로 상륙할 수 없게 돼.

이후 전쟁을 일으킨 도요토미 히데요시가 죽고 일본군이 철수를 하며 길었던 전쟁도 끝이 나게 된단다.

전쟁은 끝이 났지만 조선의 피해는 가볍지 않았어. 많은 사람들이 죽거나 끌려갔고 소중한 문화재들이 불타 사라졌어.

임진왜란을 흔히 도자기 전쟁이라고도 부르는데 이는 일본이 조선의 유명한 기술자들을 일본으로 끌고 가서야. 슬프게도 조선의 아픈 역사는 아직 끝나지 않았어. 이어 일어나는 사건으로 조선은 더 큰 어려움을 맞이하게 돼.

QR코드로 영상 보기

임진왜란은 어떻게 일어나고 진행되었을까?

만두 탐정의 사건 돋보기

✅ **HINT** 한산도, 이순신, 의병

임진왜란 속에서 나라를 지켜낸 영웅들

육지에서는 _____, 바다에서는 _____ 장군!

의병의 신분은 양반에서부터 천민에 이르기까지 다양했어.
승려들도 나라를 지키기 위해 의병에 합류했어.

조선 수군이 활용할 군선

판옥선과 거북선을 활용할 것!

대첩의 전략

학익진 전술로 일본의 배를 감싸 격퇴!

정답: 이해, 이순신, 한산도

조선, 청에 무릎을 꿇다

영화 〈광해〉는 조선의 왕 광해군의 이야기를 다루고 있어. 그런데 뭔가 이상해. 우리가 아는 조선의 왕들은 보통 태조, 세종처럼 조나 종으로 불려. 그런데 광해군은 왜 조선의 다른 왕들과 달리 '군(君)'으로 불렸을까?

그건 광해군이 재위 기간 중 왕의 자리에서 쫓겨났기 때문이야. 광해군이 쫓겨났던 이유, 거기엔 대체 어떤 이야기가 숨겨져 있는 걸까?

임진왜란은 조선뿐 아니라 주변 국가 모두에 큰 영향을 끼친 사건이었어. 전쟁을 일으킨 도요토미 히데요시의 가문

▲ 광해군
광해군은 명나라와 후금 사이에서 중립 외교를 펼쳤어. 이런 광해군의 태도를 못마땅하게 여긴 세력들에 의해 광해군은 쫓겨나게 돼.

은 전쟁 이후 일본 내 권력 투쟁에서 밀리며 몰락해 버렸지.

황제의 사치로 내리막길 걷고 있던 명나라는 조선에 원군까지 파견하며 국력이 더욱 약해지게 돼. 힘이 약해진 명나라를 무너뜨릴 기회를 호시탐탐 엿보고 있던 나라가 있었어. 만주에 자리 잡은 후금이었지. 명나라는 조선에 "임진왜란 때 조선을 도와주었으니 후금을 물리치기 위해 지원군을 보내 달라"고 요청했어.

광해군은 명나라와의 의리를 지켜 후금과 싸우는 것보다 왜란으로 입은 피해를 회복하고 나라를 안정시키는 일이 더 중요하다고 생각했지. 반면 조정 대신들은 명나라의 은혜를 저버리고 오랑캐와 손을 잡을 수는 없다고 말하며 군대를 파견할 것을 주장하였어.

명나라와 조정 대신들의 요청에 못 이긴 광해군은 외교에 뛰어난 강홍립 장군을 보냈어. 전쟁터로 떠난 장군에게 왕은 편지를 보내 비밀리에 명령을 내렸단다. 어떤 내용이었길래 비밀리에 전달된 것일까?

편지에는 "때를 보아 후금에 항복하라!"는 내용이 적혀 있었어. 우리 군의 피해를 최소화하기 위한 선택이었지.

강홍립은 왕의 명령에 따라 후금에 항복하고 명나라의 요청을 무시하기 어려운 조선의 입장을 설명했어. 광해군의 뜻을 확인한 후금은 조선을 침입하지 않았어. 광해군의 중립 외교 덕분에 조선은 전쟁의 위험에서 벗어날 수 있었던 거야.

하지만 광해군은 중립 외교 정책을 비판한 서인 세력에 의해 왕의 자리에서 쫓겨나게 돼. 인조가 광해군을 대신하여 왕의 자리에 오르게 되었고 이후 인조와 서인들은 철저하게 명나라를 받들고 후금을 배척하였어.

1627년 1월, 후금 군사 3만여 명이 명을 돕는 조선을 굴복시키고자 조선을 침입하였어. 임진왜란을 겪은 지 30년도 지나지 않아 조선은 전쟁에 또 휘말리게 된 거야.

이를 정묘년에 오랑캐가 일으킨 난이라는 의미에서 '정묘호란'이라고 해. 후금의 기마병은 빠른 속도로 평양성을 점령하였어. 조선은 후금에 맞서 싸웠으나 패했고 왕과 신하들은 강화도로 도망을 갔지. 전쟁을 빨리 끝내고 싶었던 후금은 조선이 '형제의 나라'가 되겠다고 약속을 하자 물러갔어.

그럼 이제 전쟁이 끝났냐고? 안타깝게도 전쟁은 끝이 나지 않았어.

후금이 힘을 키우고 중원의 강자로 거듭나고 있는 상황에도 조선은

◀ **후금(청)**
여진족은 나라 이름을 후금이라 정하고 세력을 넓혀 갔어. 후에 그들은 나라 이름을 청으로 고치고 중국 대륙까지 차지하게 된단다.

후금을 오랑캐 나라라고 무시하였어. 정묘호란 이후 무리한 요구를 하는 후금을 향한 조선 사람들의 적대감 또한 커져만 갔지.

이때 조선과 청의 갈등을 더욱 심화시키는 일이 일어나.

후금의 왕 홍타이지가 나라의 이름을 '청'으로 바꾸고 황제로 오르게 되었는데 이를 축하하는 자리에 참석한 조선의 사신들이 단 아래에서 홍타이지에게 절을 하지 않고 허리를 꼿꼿이 세운 채 서 있었던 거야. 다른 나라의 사신과 다르게 자신에게 절을 하지 않는 그들의 모습에 화가 난 홍타이지는 조선의 사신들을 때려 돌려보냈어.

홍타이지는 같은 해 12월 압록강을 건너 조선을 다시 침입하였어. 이를 '병자호란(丙子胡亂)'이라고 해.

청나라군은 빠르게 진격하여 압록강을 건넌 지 5일 만에 한양에 도달해. 강화도로 도망치려 했던 인조는 청나라군에 의해 길이 막혀 남한산성으로 피하게 되었단다. 청나라군은 남한산성을 포위했고 인조와 성안 사람들을 고립시켰어.

성안의 사람들은 청나라와 싸우자는 척화파와 청나라와 화해를 하자는 주화파로 나뉘어 대립하였어. 오랜 항전으로 성안의 사람들 모두가 굶주림에 시달렸고 방한복이 없던 병사들은 추위에 얼어 죽었지. 남한산성에서 청나라군에 항전한 인조는 직접 나와 항복하라는 홍타이지의 최후통첩에 결국 항복을 결심해.

1637년 1월 30일, 남한산성에서 나온 인조는 삼전도로 나가 청나라 황제가 앉아 있는 단을 향해 걸어 나갔어. 백 걸음을 걸어가 계단 밑에 엎드리고 항복하는 뜻으로 절을 했는데, 한 번 절을 할 때마다 세 번씩 이마를 땅에 대기를 세 차례 하였어.

　항복의 조건으로 소현세자, 봉림대군, 많은 대신과 백성이 청에 인질로 끌려갔고 이때부터 조선은 형제가 아닌 신하로서 청나라를 섬기게 되었단다.

▲ 서울 삼전도비

인조가 청 태종에게 항복한 사실은 서울 삼전도비에 기록되어 지금까지 전해지고 있어.

 QR코드로 영상 보기

영상으로 생생하게 병자호란에 대해 알아보자.

만두 탐정의 사건 돋보기

병자호란 TALK

 명

조선은 들으시오. 임진왜란 때 조선을 도와주었으니 후금을 물리치기 위해 지원군을 보내 주시오.

광해군

후금과 싸우는 것보다 왜란으로 입은 피해를 회복하고 나라를 안정시켜야 해. 중립 외교를 펼쳐야겠어.

(광해군이 인조반정으로 폐위되었습니다)

인조

어찌 오랑캐와 손을 잡겠소! 철저히 명나라를 받들고 후금을 배척할 것이오.

(후금이 조선에 쳐들어 왔습니다 -정묘호란-)

 후금

형제의 나라가 되겠다고 약속을 했으니 내 이만 물러나지.

 청

우리와의 약속을 지키지 않았군. 청이 된 우리 후금은 더욱 더 강해졌지. 본때를 보여주마.

(청이 조선에 쳐들어 왔습니다 -병자호란-)

인조

많은 사람들이 청에 인질로 끌려갔구나. 이제부터 조선은 신하로서 청나라를 섬기겠소. 치욕스럽도다.

세력의 균형을 맞추기 위한 영조와 정조의 묘책은?

상대 당에 대한 올바른 비판 대신 붕당 간에 모함이나 부정적인 비판이 늘어나자 영조는 붕당 간의 싸움을 막고 인재를 고루 등용하기 위해 탕평책을 실시했어.

탐정의 비밀 노트
☑ **붕당**
정치적, 학문적으로 뜻을 같이 하는 양반들의 정치 집단.

성균관 앞에 세워진 탕평비는 영조의 강한 의지를 보여 줘.

영조는 당파 싸움의 근원지인 서원을 대폭 정리하고 당의 입장만을 주장하며 탕평을 반대하는 신하들을 내쫓아 버렸단다. 그 결과 당파 간의 다툼이 많이 줄어들었어.

탕평책 이외에도 영조는 여러 부분에서 개혁을 추진했어. 가혹한 형벌을 없애고 억울한 사람이 없도록 북을 쳐서 이를 알리는 신문고 제

◀ 탕평비
붕당정치의 폐해를 해소하고자 펼친 탕평책을 대외적으로 표방하기 세운 비석이야.

도를 시행하였지. 또한 군역의 부담을 줄여 주고자 균역법을 시행하기도 했단다.

강력한 왕권을 바탕으로 오랜 기간 조선을 통치했던 영조는 왕위를 아들이 아닌 손자에게 물려주었어.

탐정의 비밀 노트

☑ **군역**
조선 시대 16세 이상 60세 이하의 백성들이 부담해야 했던 것으로 군인이 되거나 혹은 베 같은 옷감을 납부하는 의무.

☑ **균역법**
조선 후기 군역을 대신하는 군포를 2필에서 1필로 줄인 군사세법.

영조가 아들이 아닌 손자에게 왕위를 물려준 이유는 무엇일까? 늦은 나이에 얻어 끔찍이도 사랑하던 아들은 글공부가 아닌 무예에 관심이 많았어. 영조는 자신과 다른 아들에 실망하며 아들을 엄하게 꾸짖었지.

꾸짖음이 심해서일까? 아버지의 잦은 꾸짖음에 두려움을 느낀 아들은 여러 가지 핑계를 대며 아버지를 피하기 시작했어. 아버지와 아들의 사이는 점점 멀어져 갔단다.

비행까지 일삼기 시작하는 아들을 아

◀ **영조**
무려 52년 간 왕위에 있었어. 조선 시대 그 어떤 왕보다 오랜 기간 왕위에 있었지.

버지 영조는 쌀가마니를 보관하는 뒤주 속에 가두었어. 아들은 결국 뒤주 속에서 굶어 죽게 되었지. 훗날 영조는 생각할 사(思), 슬퍼할 도(悼) '사도'라는 칭호를 죽은 아들에게 내렸어.

뒤주
쌀 등의 곡식을 담아 두는 나무로 만든 궤.

사도 세자가 뒤주에 갇혀 죽자 사도 세자의 아들이 영조의 대를 잇게 되는데 그가 바로 정조란다. 정조는 어떤 임금이었을까? 정조는 한 마디로 완벽한 왕이었어.

정조는 책 읽는 것을 즐겼고 신하들을 직접 가르칠 정도로 학문이 뛰어났어. 무예 또한 뛰어났는데 활로 50발을 쏘면 49발을 명중시켰다고 해. 1발은 못 맞춘 것이 아니라 일부러 맞추지 않은 거라니 놀랍지 않니? 왕이 공부도 잘하고 운동도 잘했다니! 정말 완벽하지?

그런데 정조에게 주어진 환경 또한 본인만큼 완벽했을까? 아니야 정조의 앞에는 가시밭길이 펼쳐져 있었어.

◀ **정조**
조선 전기에 세종대왕이 있다면, 조선 후기에는 정조대왕이 있어. 정조는 백성들의 이야기를 귀 기울여 들어주었단다.

조선 역사상 가장 많은 업적을 이룬 세종대왕은 아버지 태종이 일찍이 정적들을 다 제거해 준 덕분에 빠르게 개혁을 추진할 수 있었어.

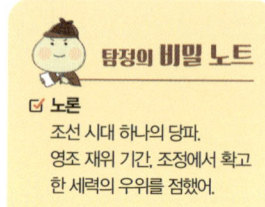

탐정의 비밀 노트

☑ **노론**
조선 시대 하나의 당파. 영조 재위 기간, 조정에서 확고한 세력의 우위를 점했어.

하지만 정조는 그렇지 못하였어. 즉위할 당시 조선은 노론의 세상이었어. 나라의 중요한 자리는 모두 노론들이 차지하고 있었지. 그들을 견제하고 왕권을 강화하기 위해 정조는 여러 가지 정책을 펼쳤단다.

정조는 먼저 할아버지 영조가 추진했던 탕평책을 더욱 열심히 실시했어. 정조는 즉위하자마자 왕실 도서관인 '규장각'을 설치하고 당파와 상관없이 재능 있는 젊은 학자들을 뽑아 나랏일과 관련한 여러 학문을 연구하게 했어. 정조는 서얼 출신이라도 재능이 있다면 뽑아 썼는데 이들은 정조의 개혁을 돕는 존재로 성장했단다.

◀ **규장각**
김홍도가 32세 때 규장각을 그린 작품이야. 정조는 뛰어난 인재들을 뽑아 이곳에서 연구에 전념하게 했어.

자객에 의해 몇 차례 죽을 고비까지 넘긴 정조는 왕의 직속 부대인 '장용영'을 만들었어. 장용영은 왕을 호위하고 당시 집권 세력인 노론을 견제하였지.

아버지 사도 세자를 늘 그리워했던 효자 정조는 사도 세자의 묘를 수원으로 옮기고 그곳으로 거의 매년 행차를 하였어. 백성들은 행차 중인 임금의 이목을 징과 꽹과리 등을 이용하여 집중시킨 후 왕에게 억울한 일을 호소하였어. 행차를 통해 정조는 백성의 소리를 직접 듣고 그들과 소통할 수 있었지.

정조는 아버지 사도 세자의 묘가 있는 수원 일대에 신도시를 만들 생각을 하였어. 외적의 침입을 막을 수 있는 방어 기능뿐 아니라 정치와 상업 기능도 갖추고 있는 신도시를 만드는 것이 정조의 꿈이었지. 수원 화성은 정조 개혁의 상징과도 같은 것이었어. 정조는 백성들에게 이주 비용을 지급하며 수원 화성으로의 이주를 유도하였고 인부들이 공사에 책임감을 갖고 참여하도록 인부들에게 임금도 지급하였지.

▲ 장용영
정조의 친위 부대로 어린 시절부터 암살의 위협에 시달린 정조를 호위했어.

▲ **수원 화성 팔달문**
수원 화성의 남쪽 문으로 사방팔방 길이 열린다는 뜻으로 이름 붙여졌어.

◀ **거중기**
정약용이 무거운 물체를 들어올리기 위해 만든 가구.

▶ **녹로**
도드래를 이용하여 무거운 물건을 들어올리는 데 쓰이던 가구.

정약용이 만든 거중기와 녹로 등이 수원 화성 건설에 이용되기도 하였는데 그 결과 완공에 10년이 걸릴 것으로 예상된 수원 화성은 3년이 안 되어 완성될 수 있었어.

수원 화성은 당대의 과학과 문화 기술이 총동원되어 만들어졌는데, 그 가치를 인정받아 현재 유네스코 세계유산으로 지정되어 있어.

정조의 개혁 정치는 성공했을까? 안타깝게도 정조의 꿈은 끝내 꽃 피지 못한 채 지고 말아. 갑작스레 정조가 세상을 떠났기 때문이지. 이후 권력을 잡은 세력들은 정조가 등용한 규장각의 인재들을 내쫓고 장용영을 없애 버리며 정조의 개혁을 한순간에 무너뜨려 버렸단다.

이후 권력을 잡은 지배층은 정조와 다르게 백성들의 소리에 귀 기울이지 않았어. 지배층의 수탈을 견디지 못한 백성들의 봉기가 전국적으로 확대되며 나라는 혼란에 빠지게 돼. 정조가 조금 더 오래 살았다면 어땠을까?

개혁에 성공하여 내리막길을 걷고 있던 조선을 구할 수 있었을까?

재밌는 영상으로 영조와 정조 이야기를 만나 보자.

만두 탐정의 사건 돋보기

✓ **HINT** 탕평책, 서원, 균역법, 탕평비, 신문고, 장용영, 규장각, 수원 화성

1. 영조와 정조의 정책

우리는 붕당 간의 싸움을 막고 인재를 고루 등용하기 위해 _____ 을 실시하였지.

나 영조는…

- 탕평책에 대한 의지를 _____ 를 세워 보여 줬소.
- 당파싸움의 근원지인 _____ 을 대폭 정리하였소.
- 북을 쳐서 억울함을 알리는 _____ 제도를 시행했소.
- 군역의 부담을 줄이는 _____ 을 시행했소.

나 정조는…

- 왕실도서관인 _____ 을 설치하였소.
- 사도 세자의 묘가 있는 수원 일대에 _____ 을 건설하였소.
- 왕의 직속부대인 _____ 이라는 군대를 만들었오.
- 징과 꽹과리를 이용하여 억울함을 호소하는 격쟁을 듣고 그들과 소통하였오.

2. 정조 이후의 조선은…

왕을 대신하여 소수의 힘 있는 가문이 권력을 장악하게 되었고 그들은 정조와 다르게 백성들의 소리에 귀 기울이지 않았어.

정답: 탕평책, (영조) 탕평비, 서원, 신문고, 균역법, (정조) 규장각, 수원 화성, 장용영

조선이 천주교인들을 박해한 이유는?

"우리에게 축복을 주셨다네!"

작은 방 안에 사람들이 모여 있어. 머리에 갓을 쓰고 도포를 입은 양반들이 천주교의 교리에 대해 열심히 토론하고 있어. 촛불에 비친 양반들의 모습 중에는 우리에게 '거중기'로 잘 알려진 정약용의 모습도 보여. 다른

▼ 절두산
병인박해 때 천주교도들이 처형된 곳이야. 병인박해 전에는 잠두봉이라 불렸어.

장소에서는 백성들이 삼삼오오 모여 손을 모아 기도하고 있구나! 그런데 양반들과 백성들 너나 할 것 없이 이마엔 땀이 범벅, 몸은 긴장으로 굳어 있어. 다들 비밀리에 모여 집회를 가진 것일까? 종교의 자유가 있는 지금과 조선은 달랐던 것일까? 어떻게 된 일인지 1700년대 후반의 조선으로 같이 가보자.

조선 후기 전래된 천주교는 종교가 아닌 서양의 학문으로 조선에 처음 소개되었어. 그래서 서학이라 불렸지. 천주교에서는 모든 사람이 평등하다고 하였어. 평등사상 덕분에 약자로 취급받던 사람들 사이에서 천주교는 빠르게 퍼져 나갈 수 있었지.

서학이 등장하기 전까지 양반들은 복잡한 유교의 예법을 들며 일반 백성들을 구속하고 그들 위에 군림하였어. 하지만 위와 아래의 구분이 허물어지고 서학에서 말하는 모든 사람이 평등한 세상이 된다면 그들은 지금껏 누리던 혜택을 일반 백성들에게 내주어야 했어.

천주교 신자에 대한 탄압은 서학을 하나의 학문으로 인정한 정조가 죽으며 본격적으로 시작되었지. 조상들의 제사를 거부했다는 이유로 당시 집권 세력이었던 노론은 천주교 신자들을 비난하고 탄압하였어.

양반들은 천주교 신자들을 그대로 둔다면 조선 사회의 신분 질서가 뿌리째 흔들릴 수 있다고 생각했어. 그건 그들의 세상이 무너지는 것을 의미하였지. 천주교에 대한 탄압은 오랜 기간 동안 이루어졌어.

많은 사람들이 천주교를 믿었다는 이유로 처형되었어. 정약용과 그의 형제들도 예외가 아니었지. 정약용과 그의 형제들은 죽거나 유배를 떠나게 되었어.

나라에서는 천주교 신자를 찾기 위하여 마을의 다섯 집을 하나로 묶고 이웃끼리 서로를 감시하게 하였지. 이를 '오가작통법(伍家作統法)'이라고 해. 서학에 대한 나라 전체의 경계가 높아지며 서양의 기술과 학문에 대한 사람들의 관심도도 함께 떨어지게 돼.

▲ **정약용**
그를 총애하던 정조의 죽음 이후 그를 시기하던 세력들에 의해 정치권에서 내쫓기게 돼.

만두 탐정의 사건 돋보기

HINT 제사를 거부, 평등, 신분 질서

1. 천주교에 대한 당시 지배층들의 생각은?

생각 1

천주교에서는 모든 사람이 _____ 합니다.

천주교 신자들을 그대로 둔다면 _____ 가 흔들릴 수도 있겠어. 양반들의 혜택도 끝일세!

생각 2

유교에서는 조상들에게 예를 다하는 '제사'를 중시 여기지. 그런데 _____ 한다고? 말도 안 되는 소리!

2. 나라에서는 천주교 신자를 찾기 위해…

오가작통법

나라에서는 천주교 신자를 찾기 위하여 마을의 다섯 집을 하나로 묶고 이웃끼리 서로를 감시하게 하였어.

 백성들을 배불리 먹이고, 나라를 부강하게 만드는 학문

임진왜란과 병자호란의 결과, 많은 사람이 죽거나 다치고 농토는 황폐화되었지. 굶어 죽는 사람들이 늘어나고 백성들의 민심은 점점 더 흉흉해졌어. 조선이 처한 참혹한 상황 앞에서 지배층들은 이렇다 할 대책을 세우지 못하고 있었어. 당시 양반들의 학문은 인간의 본성이나 세상의 이치를 따지는 것이었고 조선이 마주한 현실의 문제를 해결하는 데 전혀 도움이 되지 않았지.

그때 몇몇 학자들이 실제 생활에 쓸모 있는 학문이 필요하다고 주장하기 시작했어. 백성들을 배불리 먹이고 나라를 부강하게 만들 방법, 그 정답을 제시해 줄 학문, 바로 '실학'이 등장하게 된 거야. 지금부터 실학자들이 어떤 생각을 가졌으며 어떠한 삶을 살았는지 알아보자.

박지원은 명문가의 후손으로 태어났으나 그런 것에 얽매이지 않는 사람이었어. 과거를 보는 것에 뜻이 없었던 박지원은 관직에 나가지 않고 세월을 보내다 청나라 사신단의 일행으로 열하(熱河)를 다녀오게 되었어. 당

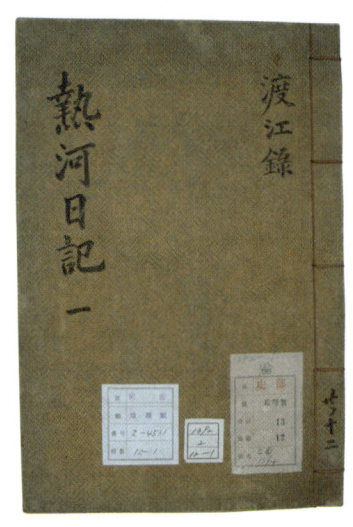
▲ 『열하일기』
청의 황제는 더위를 피해 열하에 머물고 있었어. 이 책은 그런 황제를 만나기 위해 박지원 일행이 열하로 가던 중 보고 느낀 것을 적은 책이야.

시의 조선 사람들은 청나라를 오랑캐의 나라라고 얕보고 무시했어. 하지만 청나라는 강한 국력을 바탕으로 조선과 비교될 수 없는 번영을 누리고 있었지. 생각 이상으로 발전된 청나라의 모습에 박지원은 매우 놀라는 동시에 충격을 받았어.

청나라 사람들은 깨진 기와 조각도 담을 쌓을 때 다시 사용하고 똥 덩어리도 버리는 대신 거름과 같이 다른 용도로 사용하였는데, 박지원은 청나라의 부유함은 이러한 실용적인 정신에서 비롯되었다고 생각했어.

박지원은 백성과 나라에 도움이 되는 일이라면 그것이 비록 오랑캐의 것이라도 수용하고 본받아야 한다고 『열하일기』에서 자신의 생각을 밝혔지.

하지만 『열하일기』는 금서로 지정되었고 청의 문물을 받아들일 것을 강조한 박지원의 생각은 나라의 정책에 반영되지 못하였단다.

박제가도 『북학의』에서 청나라의 선진 문물을 적극적으로 받아들이고 수레를 널리 이용하여 상업을 발전시키자고 주장하였단다.

토지 제도를 개혁하자고 소리를 낸 사람도 있었어. 조선 시대 가장 중요한 산업은 농업이었어. 농사를 짓기 위해서는 땅이 필요하였는데 실제 농사를 짓는 농민 중 자신의 땅을 가진 이는 많지 않았지.

토지 제도를 바로잡지 못한다면 국가의 모든 제도가 혼란에 빠지리라 생각한 유형원은 토지 개혁을 주장했어. 유형원은 그의 저서 『반계수록』에서 나라 안의

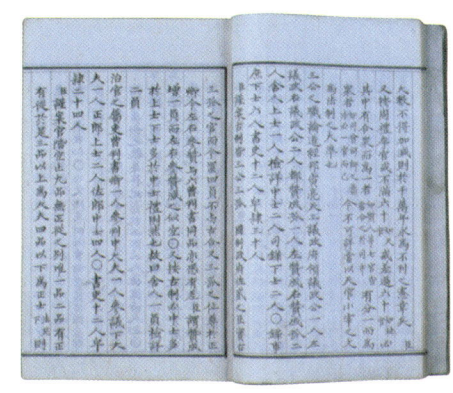

▲ 『경세유표』
백성의 생활을 걱정하여 정약용이 쓴 책이야. 『목민심서』와 『경세유표』 등의 책은 유배생활 중에 쓰였어.

모든 토지를 나라의 소유로 만든 다음, 토지를 농민들에게 똑같이 나눠 주자고 주장하였지.

정약용도 토지개혁에 찬성하였어. 정약용은 『경세유표』에서 정전제라는 토지 개혁안을 제시하였어. 정전제는 토지를 우물 정(井) 모양으로 9등분 나누어 백성들에게 농사 지을 땅을 주고 가운데 주인 없는 땅은 공동으로 경작하여 그곳에서 얻은 수확물만을 세금으로 내게 하는 제도였지.

또한 유배지에서 지방 관리들의 폭정을 보게 된 정약용은, 백성의 생활을 안정시키고 부정부패를 일삼던 당시 지배층을 비판하고자 『목민심서』도 저술하였어. 정약용은 『목민심서』에서 지방 수령들이 지켜야 할 지침을 상세하게 저술하였단다. 『경세유표』와 『목민심서』 이외에도 정약용은 실생활에 도움이 되는 다양한 분야의 책을 저술하였어.

한편 중국 중심의 세계관에서 벗어나 조선 후기부터 우리나라의 역사, 지리, 언어 등의 연구가 시작되었어.

김정호는 기존의 지도들을 바탕으로 새로운 지도를 만들어 나갔지. 정확하지 않은 곳은 직접 찾아가 확인을 한 후 지도를 완성하였는데 그렇게 완성된 지도가 바로 〈대동여지도〉야. 김정호는 지도가 사람들에게 널리 보급될 수 있도록 목판으로 지도를 제작하였단다.

실제 생활에 쓸모가 있어야 한다고 주장하였던 실학자들의 주장은 아쉽게도 국가 정책에 반영되지 못하였어. 왜 그랬을까? 그 이유는 그들이 권력의 중심에 있지 못해서야. 하지만 실학자들의 주장은 후대에 많은 영향을 끼치게 되었어.

◀ 〈대동여지도〉
접으면 책의 형태로 변하여 휴대하거나 보관하기 편했어.

만두 탐정의 사건 돋보기

✓ HINT 토지 제도, 실학, 청나라, 우리나라, 상업, 박지원

1. 실학의 등장

조선 시대 후기, 백성들을 배불리 먹이고 나라를 부강하게 만들어 줄 실제 생활에 쓸모 있는 학문인 _____ 이 등장하게 돼.

상업발전
_____ 의 『열하일기』, 박제가의 『북학의』
_____ 의 선진 문물을 적극적으로 받아들이고 수레를 널리 이용하여 _____ 을 발전시키자.

토지개혁
유형원의 『반계수록』, 정약용의 『경세유표』
_____ 를 개혁하여 백성들의 생활을 안정시키자.

우리의 것
김정호의 <대동여지도>, 정약전의 『자산어보』
중국 중심의 세계관에서 벗어나 _____ 의 역사, 지리, 언어 등에 대해 연구하자.

2. 안타깝게도…

실제 생활에 쓸모가 있어야 한다고 주장하였던 실학자들의 주장은 아쉽게도 국가 정책에 반영되지 못하였어.

정답: 실학, 박지원, 청나라, 상업, 토지 제도, 우리나라

5부

근대화의 비밀을 풀다!

> 머리카락이 잘린 아저씨가 거리에서 울고 있어. 무릎을 꿇고 전화를 받는 사람도 보여. 조선 초에는 볼 수 없던 모습이야. 무엇이 사회를 이렇게 갑자기 변화시켰을까?
> 당시 서양 세력과 일본은 조선의 개항을 요구하였어. 그들의 힘에 굴복한 조선은 굳게 닫힌 문을 열게 되었어. 그 결과, 강력한 변화의 바람이 조선을 뒤흔들게 돼. 빠르게 변하는 국제 정세 속에서 조선은 어떤 선택을 하였을까? 만두 탐정과 함께 이번에는 개화기로 떠나 보자!

조선 후기, 변화의 바람이 불어오다

조선 후기, 농촌과 시장에도 변화의 바람이 불어왔어. 이러한 변화는 조선 사회의 모습을 어떻게 변화시켰을까? 일돌이네로 가서 조선 후기 변화하는 농촌의 모습을 함께 살펴보자.

물이 충분해야 가능한 모내기법은 획기적인 농사기술임에도 불구하고 가뭄과 수리시설 부족 탓에 금지되고 있었어. 하지만 임진왜란과 병자호란을 겪은 후, 정부가 높은 생산력을 가진 모내기법에 대한 통제를 완화하자 직접 땅에 씨를 뿌리는 직파법 대신 모내기법이 전국적으로 퍼져 나가기 시작해.

아버지: 일돌아! 여기 와서 아버지 잡초 뽑는 것 도와주렴.

일 돌: 네, 아버지. 근데 잡초는 뽑아도 뽑아도 너무 많아요! 동네 사람들에게도 도움을 받는 건 어떠세요?

아버지: 잡초 뽑는데 시간과 정성이 얼마나 드는데 누가 공짜로 일을 도와주겠니? 아마 사람들에게 많은 돈을 줘야 할 거야.

우리가 그런 형편이 안 된다는 걸 너도 잘 알고 있잖니?

일 돌: 그러면 우리도 요즘 유행하는 모내기법으로 농사를 지으면 힘도 훨씬 덜 들고 좋을 것 같은데요?

아버지: 직파법에 비해 모내기법이 뭐가 좋은지 아느냐?

일 돌: 모내기법은 모와 잡초를 구분하기 쉬우니 김매기가 쉽지요. 저도 이제 어엿한 농사꾼인데 그런 것도 모르겠어요?

아버지: 제법이구먼. 그 좋은 방법을 내가 몰라서 안 한 줄 아느냐? 모내기법은 물이 많이 필요한데 비가 자주 오지 않는 계절에는 물을 구할 수 없어 1년 농사를 다 망쳐 버린다고.

일 돌: 걱정 마세요. 모내기법으로 농작하는 곳들이 많아지면서 우리 땅 근처에도 이번에 새로 저수지가 들어온대요.

아버지: 처음 듣는 이야기인데? 정말이냐? 이러고 있을 때가 아니구나. 이제 우리 둘만 있어도 쉽게 농사를 지을 수 있겠구나.

(2년 후)

일 돌: 아버지 올해도 풍년이에요. 모내기법으로 바꾸고 생산량이 정말 많이 늘어났어요. 우리 가족이 먹고도 남는 쌀은 어떡하죠?

아버지: 그렇구나. 가만히 두면 쌀이 썩어 버릴 텐데⋯ 그럼 우리 이 쌀을 팔아 볼까?

일 돌: 좋아요. 아버지 품질 좋은 쌀 열심히 팔아서 부자 되어요.

일돌과 아버지는 남는 쌀을 팔아 돈을 많이 벌게 되었어. 그들은 그 지역에서 손꼽히는 부자가 되었지.

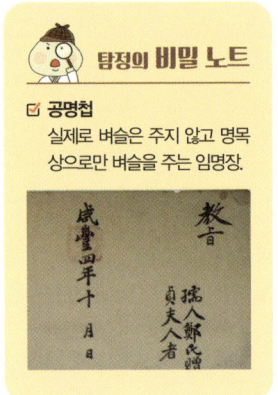

아버지: 그래 우리에게도 배고픈 시절이 있었지. 지금은 온 가족이 걱정 없이 배불리 먹어 정말 행복하구나. 그런데 말이야. 인간의 욕심은 정말 끝이 없구나.

일 돌: 아버지 뭔가 더 하고 싶은 것이 있으세요? 말씀해 보세요.

아버지: 오늘 길에서 관리를 만났는데 '공명첩'을 들이밀면서 나에게 제안을 하나 하더구나. 요즘은 양반 신분을 사는 것이 유행이라지? 네 생각은 어떠냐?

일 돌: 우와 양반이라고요? 좋아요! 아버지.

아버지: 그래 그럼 내일 관리에게 가서 관직을 사 보자구나. 돈이 있으면 신분도 사는 세상이 왔구나.

일 돌: 아버지 우리 양반이 되어도 농사일을 할 건가요?

아버지: 엣헴. 양반이 모양 빠지게 직접 일을 할 수 없지. 마을 사람들에게 품삯을 주고 우리 땅에 농사를 짓게 하자구나.

일 돌: 땅을 사서 생산량을 더 늘리는 것도 좋을 것 같아요.

아버지: 그래 부농에 양반까지… 이 모든 것들이 다 꿈만 같구나.

(그러고 나서 얼마 후)

김 씨: 여보게, 일돌이 아버지가 양반이 되었다며? 세금 안 내서 좋겠구먼. 우리 같이 돈 없는 농민들은 세금 더 내게 생겼네.

박 씨: 그러게 말이여. 아랫마을에 최씨, 윗마을에 김씨 전부 양반이 되었다지. 이제 양반도 별것 아니구먼.

 이렇게 모내기법으로 쌀 수확량이 증가함에 따라 잉여생산물이 증가하고 잉여생산물을 시장에 내다 팔며 부자로 성장하는 농민들이 생겨났어. 일돌이 아버지처럼 양반 신분을 돈으로 사는 경우도 많아졌지. 이로 인해 양반의 수가 급격히 늘어나며 결국 조선의 신분 질서는 무너지게 되었어.

▶ **모내기법**
저수지와 보가 만들어지면서 모내기법은 전국적으로 확대되게 돼.

만두 탐정의 사건 돋보기

✅ **HINT** 신분 질서, 모내기법, 상품작물

1. 변화하는 농촌과 시장

모판에 모를 심어 농사짓는 _____으로 쌀 생산량 증가. 잉여생산물을 팔아 부를 축적하는 농민 등장.

밭에 인삼, 고구마, 감자 등을 길러 시장에 내다 파는 _____로 부를 축적하는 상인 등장.

양반 신분을 돈으로 살 수 있지~

2. 양반 수의 급격한 변화로

조선 후기 양반의 수가 급격히 늘어나며 조선의 _____가 무너짐.

 # 조선 서민들, 그들만의 독자적인 문화를 만들어 내다

논농사처럼 밭농사에도 새로운 변화가 일어났어. 쟁기로 밭을 깊게 갈아 고랑에다 씨를 뿌리는 방법을 통해 농민들은 노동력을 절감하고 품질 좋은 작물들을 얻을 수 있었지. 사람들은 밭에 면화, 담배, 인삼, 고구마, 감자 등을 길러서 시장에 내다 팔기 시작하였고 그 결과 많은 돈을 벌 수 있었어. 시장에 내다 파는 작물인 '상품작물'을 통해 막대한 부를 쌓는 사람들이 많아졌지. 거상이네로 가서 변화하는 조선 후기 시장의 모습에 대해 한 번 알아볼까?

김손자: 할아버지, 할아버지는 어렸을 때 꿈이 뭐였어요?

김거상: 너의 증조부가 인삼 농사를 하셨는데 어찌나 품질이 뛰어난지. 인삼을 사려는 사람들이 줄을 섰었어. 할아비는 귀한 조선의 인삼을 조선뿐 아니라 다른 나라에도 널리 알리고 싶었단다.

김손자: 그래서 어떻게 하셨어요?

김거상: 처음에는 부모님이 기른 인삼을 갖고 나와 팔기 시작하다 나중

에는 시장이 서는 곳마다 돌아다니면서 물건을 팔았지. 그 후 다른 나라에도 물건을 팔며 큰돈을 벌게 되었어. 사람들은 나를 거상이라 부르며 인정해 주었지.

김손자: 우와! 대단하세요!

김거상: 허허. 쑥스럽구나. 그나저나 오늘 보부상이 우리 집에 온다 하였는데 같이 가볼까?

(똑똑)

보부상: 거상 선생님, 들어가겠습니다.

김거상: 들어오시게.

보부상: 오늘도 이렇게 유행하는 물건들을 많이 가지고 왔습니다.

김거상: 어서 보여 주게나. 오늘은 특별히 우리 손자도 같이 구경하겠네.

보부상: 먼저 한글 소설 몇 권 가지고 와 봤습니다.

김거상: 아니, 이건 『홍길동전』이 아닌가. 지금 장내에서 재미있기로 그 소문이 자자 하던데. 문제는 내가 글을 몰라서…

보부상: 돈을 받고 책을 읽어 주는 전기수가 있으니 걱정하지 마십시오. 그리고 민화도 몇 점 같이 가져와 봤습니다.

김거상: 정말 멋진 그림이야. 자네 혹시 풍속화는 없는가?

보부상: 풍속화 당연히 있죠. 여기 있습니다.

김거상: 서민들이 그린 풍속화들이구먼. 김홍도나 신윤복 같이 유명한 풍속 화가들이 그린 작품을 구하고 싶은데.

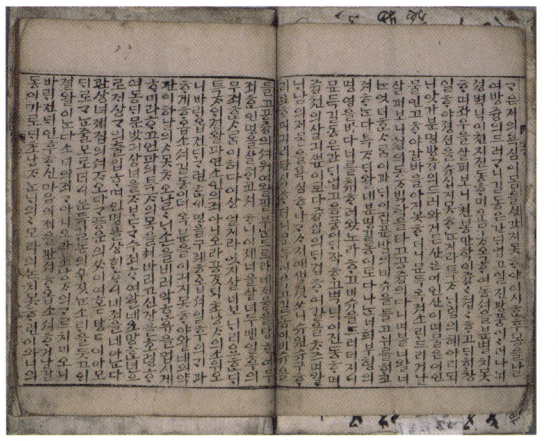
▲ 한글 소설
『홍길동전』과 같은 영웅 소설이 가장 인기가 많았다고 해.

▲ 민화
민화에는 서민들의 간절한 소망이 담겨 있어.

▲ 김홍도의 풍속화 〈서당〉(왼쪽), 〈대장간〉(오른쪽)
김홍도의 그림은 보통 사람들의 일상을 보여 줘.

▶ **수영야류 탈놀이**
탈춤이라고도 해. 양반의 위선적인 모습을 풍자하고 있어.

보부상: 유명 도화원 화서들의 작품은 구하기가 굉장히 어렵습니다.

김거상: 역시 그렇구먼. 알겠네.

보부상: 대신 하회 별신굿 탈놀이에서 최고 인기인 탈이 있는데 손자에게 선물해 주심이 어떠신지요?

김손자: 할아버지, 이 탈 표정이 너무 재미있어요. 갖고 싶어요.

김거상: 그럼 탈 하나와 『홍길동전』, 민화 하나씩 주시게나. 오늘 오후에 심청가가 저잣거리에서 공연한다는데 맞소?

보부상: 판소리 말씀이십니까? 네. 판소리가 이제는 양반들에게까지 재미있다고 소문이 나서 양반들도 꽤 많이 보러 온다고 합니다.

김거상: 알려줘서 고맙소. 애야! 우리도 오늘 〈심청가〉 보는 것 어떠냐?

김손자: 네, 재밌을 것 같아요! 탈 쓰고 가도 되죠?

▶ **판소리**
서민뿐 아니라 양반들도 판소리를 즐겼어.

그날 오후 김거상과 김거상의 손자는 판소리를 보러 갔을까?

그랬겠지? 이처럼 서민 문화는 조선 후기에 꽃을 피웠어. 농촌과 시장의 변화로 생활에 여유가 생긴 서민들은 그들만의 문화를 만들고 향유하였지. 솔직하고 유쾌한 서민들의 문화유산을 보며 그 당시 조선 후기 서민들의 생각을 읽어 보는 건 어떨까?

만두 탐정의 사건 돋보기

☑ HINT   한글소설, 전기수, 민화, 탈놀이, 풍속화, 판소리

1. 최보부상 가방 속에는…

생활공간을 꾸미려고 그린 실용적인 그림인 _____가 유행했어.

당시 사람들의 생활모습을 담고 있는 그림인 _____야. 대표 화가로 김홍도, 신윤복이 있어.

_____이 널리 보급돼. 돈을 받고 책을 읽어 주는 _____라는 직업이 생겼어.

탈을 쓰고 하는 연극인 _____와 긴 이야기를 노래로 들려주는 공연인 _____도 유행했어.

2. 조선 후기 꽃 피우는 서민 문화

조선 후기는 농촌과 시장의 변화를 넘어 서민 문화가 꽃피우게 되는 시기였어.

정답: (시계방향으로) 민화, 풍속화, 탈놀이, 판소리, 전기수, 한글소설

거두는 것에만 급급했던
백성을 다스리는 자들

소득세, 주민세, 자동차세 등 대한민국 국민이라면 누구나 나라에 세금을 낸단다. 나라는 이 세금으로 각종 편의 시설물을 만드는 등 국민을 위해 여러 일을 하지. 그런데 조선 시대에도 지금처럼 나라를 위해 세금을 냈을까? 세금을 냈다면 계급에 따라 세금을 내는 게 달랐을까?

조선 시대의 세금이었던 삼정(전정, 군정, 환정)과 조선 후기에 삼정이 백성들을 괴롭혔던 이유에 대해 알아보자.

정조가 죽고 순조가 어린 나이에 왕위에 오르면서 외척 세력이 관직을 독점하며 권력을 차지하게 돼. 이를 세도정치라고 한단다.

세도 가문에게 뇌물을 바치고 관직을 차지한 탐관오리들은 그들이 세도 가문에게 낸 비용을 되찾기 위해 백성들을 착취하였어.

탐관오리들은 세금을 백성들에게 마음대로 거두었지.

'휴우…'

저 멀리서 누군가의 깊은 한숨 소리가 들려 와. 아, 이른 아침부터 농사

▶ **빼앗기는 백성**
열심히 일한 농민에게 돌아오는 것은 없었어. 지배층의 수탈만 있을 뿐이었지.

일을 시작한 김농민 씨네.

양반은 군포에 대한 세금이 면제라는데 농민은 꼼짝없이 군포를 내야 했어. 그런데 열 살밖에 안 된 아들에게 군포가 매겨지다니. 김농민은 이 조치를 받아들이기 어려웠어.

억울한 일을 당하는 것은 김농민만이 아니었어. 옆집 박씨도 이미 2년 전에 돌아가신 아버지의 군포를 꼼짝없이 내게 생겼다고 불만이었지. 도망간 이웃이나 친척의 세금을 대신 내는 사람들도 있었어. 김농민은 갑자기 지난봄이 떠올랐어. 가진 곡식이 모두 떨어져 가족들 모두가 배가 고팠던 봄날, 김농민은 나라에서 곡식을 빌려준다는 소식을 듣고 관아로 달려갔지.

관아에서는 김농민에게 쌀을 빌려주었어. 김농민은 식구들 먹일 생각에 기쁜 마음으로 포대 속을 열어 보았지. 포대 속의 쌀은 모래가 섞여 있었어. 그 길로 관아에 달려가 보았지만 관아에서는 자기들은 올바르게 쌀을 빌려주었다

 탐정의 비밀 노트

☑ **군포**
군역을 지지 않는 16~60세 남성들이 내는 세금.

☑ **환곡**
식량이 모자라는 봄에 나라에서 곡식을 빌려주고 가을에 이자를 붙여 갚도록 한 제도.

고 말하며 제대로 된 쌀을 이자까지 쳐서 꼭 갚으라고 엄포를 놓았지. 가난한 백성을 구제할 목적으로 실시된 환곡 제도가 탐관오리에 의해 착취의 수단으로 바뀌어 있었던 거야.

식구들 먹을 쌀도 부족한 마당에 가을에 얼마나 갚아야 할지 김농민은 앞이 캄캄했어.

탐관오리들의 수탈에 흉년까지 덮치자 김농민을 비롯한 조선 백성들의 삶은 극도로 피폐해졌어. 굶어 죽는 백성이 속출하였지.

탐관오리들의 부정부패에 소극적으로 저항하던 백성들은 더 이상 참을 수 없었어. 그들은 홍경래의 난을 시작으로 전국 각지에서 봉기를 일으키기 시작해.

만두 탐정의 사건 돋보기

김농민 씨의 농부 일기

군포는 군역을 지지 않는 16~60세의 남성들이 내는 세금인데 어찌하여 10세인 내 아들에게까지 세금이 매겨진 것일까? 옆집 박씨는 돌아가신 아버님 군포까지 내야 한단다. 도대체 언제쯤 백성들의 삶이 나아질까?

가족들이 매우 배가 고파 지쳐 있었던 오늘, 관아에서 곡식을 빌려준다고 하여 한걸음에 달려갔다. 부임하신 지 얼마 안 된 박원님은 정말 좋으신 분이구나 하고 생각했던 것은 내 착각이었다. 집에 와서 포대를 열어 보니 모래가 섞인 쌀이 나왔다. 관아에 가서 사또에게 억울함을 청해 보았지만 오히려 나에게 업무를 방해한다며 없는 죄를 물으려고 했다.

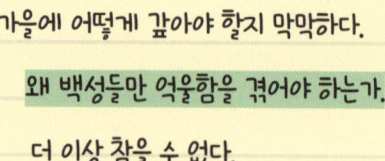
탐관오리

가을에 어떻게 갚아야 할지 막막하다. 왜 백성들만 억울함을 겪어야 하는가. 더 이상 참을 수 없다.

흥선대원군이 바라던 세상

농민 봉기가 잇따라 발생하며 사회가 혼란스러울 무렵 흥선대원군이 등장하였어. 흥선대원군은 아들인 고종이 열두 살의 어린 나이로 왕위에 오르자 고종을 대신하여 정치를 도맡아 하게 돼. 고통받고 분노하는 백성들을 위해 흥선대원군이 내놓은 해결책은 무엇이었을까?

흥선대원군은 먼저 서원을 정리하였어. 아무 문제가 없어 보이는 서원을 흥선대원군은 왜 정리하였을까? 서원은 토지와 노비를 소유하고도 세

▼ 서원
학문이 깊은 조상들의 제사를 지내고 지방의 인재를 기르기 위한 교육 기관이야.

◀ 흥선대원군
고종의 아버지로 이름은 이하응이야. 아들이 12세의 나이로 왕위에 오르자 정치를 대신 맡았어.

금을 내지 않았어. 서원의 유생들 또한 군역을 면제받았지. 세금을 내지 않는 서원의 수가 늘어남에 따라 국가의 곳간은 점점 비어 갔어.

게다가 서원은 지역의 백성들을 함부로 부리며 제사 비용을 백성에게 무리하게 부담시켰어. 지방 관아의 힘을 능가하던 서원은 지정한 제사 비용을 부담하지 못하는 백성을 붙잡아 곤장을 때리기도 하였단다. 이러한 서원의 폐단으로 백성들은 몸살을 앓았어.

흥선대원군은 나라의 재정을 확보하고 백성의 생활을 안정시킨다는 이유를 들며 47개의 사액 서원을 제외한 모든 서원을 정리하였어. 또한 부정부패를 일삼던 관리를 쫓아내고 백성들의 세금 부담을 줄여 주었으며 양반도 세금을 내게 하였어.

과감한 개혁으로 개선된 삶에 백성들은 환호하였지. 하지만 임진왜란 때 불탄 경복궁을 고쳐 짓는 과정에서 흥선대원군은 백성들의 불만을 사게 된단다.

국왕의 권위를 높이고자 실시한 공사에 많은 백성들이 동원되었어. 경복궁을 다시 짓는 데는 수원 화성을 건설하는 데 들었던 경비의 9배 이상이 필요했다고 해. 그리고 이 돈을 마련하기 위해 나라에서는 강제로 백성들에게 기부금을 거두었고, 이로 인해 백성의 부담은 더욱 늘어나게 되었어.

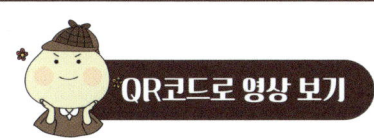 QR코드로 영상 보기

흥선대원군이 바라는 세상은 어떤 세상이었을까?

만두 탐정의 사건 돋보기

✅ **HINT** 흥선대원군, 세금, 서원, 경복궁

흥선대원군의 개혁

> 고통받고 분노하는 백성들을 위해 나, _____ 이 실시한 정책들을 함께 볼 텐가?

_____ 정리
나라의 재정을 확보하고 백성의 생활을 안정시키기 위해 서원을 정리했지.

부정부패 관리 OUT
부정부패를 일삼고 능력이 부족한 관리를 쫓아내고 능력 있는 관리를 등용하였소.

_____ 재건
국왕의 권위를 높이고자 임진왜란 때 불탄 경복궁을 재건하였는데 백성들의 불만이 좀 있었지.

백성 _____ DOWN
백성들의 세금 부담을 줄여 주었으며 양반에게 세금을 내게 하였지.

출처: 흥선대원군, 서원, 경복궁, 세금

 근대화의 물결, 닫힌 조선의 문을 열다

조선에서 흥선대원군이 개혁 정책을 시행 중일 때 나라 밖에서는 청과 일본이 서양의 힘에 굴복하고 개항을 하였어.

조선의 해안에서도 조선의 배와 다르게 생긴 배가 나타나기 시작하였어. 사람들은 모양이 다른 배라는 의미로 이양선이라고 이름 붙여 불렀지. 이양선의 출현에 이어 서학이라 불리던 천주교의 세력이 크게 불어나면서 서양 세력에 대한 지배층의 경계와 반감은 커져만 갔어.

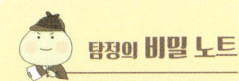

탐정의 비밀 노트
- **개항(開港)** 항구를 열어 외국과 통상하는 일.
- **이양선(異樣船)** 조선 후기 우리나라 해안에 출현한 서양의 배.

▶ 이양선

그러던 어느 날 흥선대원군이 프랑스 선교사 9명을 포함한 8천여 명의 천주교 신도들을 처형하는 일이 발생했어. 이를 병인박해라고 해. 병인박해에서 살아남은 프랑스 선교사는 조선에서 탈출하여 당시 청나라에 있던 프랑스 군대에 도움을 요청하였단다.

프랑스는 자신의 나라 선교사를 처형했다는 이유로 통상을 요구하며 강화도를 침략하였어. 이 사건을 병인년에 서양인들이 일으킨 소요(사태)라는 뜻으로 병인양요라고 해.

프랑스의 군대는 강화성을 공격해 함락하였어. 하지만 조선의 완강한 저항에 부딪혀 군대는 곧 철수하게 돼. 철수하는 과정에서 프랑스 군대는 조선의 책과 귀중품을 약탈해 갔어.

병인양요 때 약탈당한 조선의 문화재는 프랑스 국립도서관 사서로 근무하던 박병선 박사에 의해 세계에 알려졌어. 박병선 박사는 세계에서 가장 오래된 금속활자본인 『직지심체요절』을 발견하였을 뿐 아니라 프랑스군이 약탈해 간 외규장각 도서도 발견하여 세계에 알렸단다.

그 당시 통상을 요구로 조선에 침입한 나라는 프랑스만이 아니었어. 병인양요 직전 포와 총으로 무장한 미국 상선이 통상을 요구하며 행패를 부린 일이 있었지. 화가 난 조선의 백성들은 미국의 배에 불을 지르고 선원을 공격하였는데 이 사건을 미국의 상선 이름을 따서 제너럴 셔먼호 사건이라고 해.

1871년, 미국은 제너럴 셔먼호 사건을 이유로 강화도를 침략했어. 미국군의 광성보 공격에 조선군은 강력하게 저항하였지. 하지만 무기의 열세를 극복하기 어려웠어. 조선군은 전멸하다시피 했어. 하지만 조선은 개항할 생각이 없었지.

흥선대원군은 오히려 한양과 전국 각지에 척화비를 세워 서양과 교류하지 않겠다는 의지를 널리 알렸단다.

압도적 승리로 조선과의 통상 수교를 기대했던 미국은 조선이 통상에 응할 기미가 보이지 않자 군대를 철수시켰어. 이 사건을 신미년에 서양이 일으킨 소요(사태)라는 뜻으로 신미양요라고 한단다.

병인양요와 신미양요 이후, 흥선대원군은 통상 수교 거부 정책을 강화하였어. 스스로를 고립시킨 결과 조선은 빠르게 변화하는 세계의 흐름을 따라가지 못하게 된단다. 그럼 조선은 계속 빗장을 굳게 건 채 다른 나라와 수교하지 않았을까?

▶ **척화비**
'서양 오랑캐가 침범하는데 싸우지 않으면 화해하자는 것이요, 화해를 주장하는 것은 곧 나라를 팔아먹는 짓이다'라는 내용이 새겨져 있다.

▶ **어재연 장군 수자기**
지휘관을 뜻하는 '수(帥)' 자가 적힌 깃발인 수자기는 신미양요 때 미군에 빼앗겼지만 2007년 장기대여 방식으로 우리 곁에 돌아왔어.

'펑펑!'

1875년, 허락 없이 조선의 해역에 다가오는 일본 군함에 조선군은 경고의 의미로 주변에 대포를 쏘았어. 일본은 이를 구실로 강화도의 초지진을 공격하며 통상을 요구하였지. 이를 일본 군함의 이름을 따서 운요호 사건이라고 해.

그런데 여기서 궁금한 것이 있어. 왜 모든 나라가 강화도로 들어왔을까? 그건 강화도가 역사적으로 중요한 전략적 장소였기 때문이야. 전국 각지에서 올라온 물자들은 물길을 따라 수도 한양에 공급되었어. 그 길에 위치한 강화도를 장악하면 조선에 큰 위협을 줄 수 있었지. 그래서 모든 나라가 강화도로 들어왔던 거야.

일본의 통상 요구에 대해 조정은 어떻게 반응하였을까? 이번에도 단호히 반대하였을까? 당시 조선의 조정에서는 흥선대원군이 물러가고 고종이 권력을 잡으면서 개항을 해야 한다는 요구가 많았어.

그런데 운요호 사건으로 일본의 압력까지 더해지는 상황이 되자 조선은 결국 일본과 강화도에서 조약을 체결하기로 해. 강화도 조약은 조선이 외국과 맺은 최초의 근대적 조약이자 불평등한 조약이었어.

강화도 조약 살펴보기

제1조 조선은 자주국이며 일본과 똑같은 권리를 갖는다.

제4조 조선은 부산 이외에 두 곳을 개항하고 일본인이 오고 가며 통상을 하도록 허가한다.

제7조 조선 해안을 일본의 항해자가 자유로이 측량하는 것을 허가한다.

제10조 일본 국민이 조선의 항구에서 조선 국민에게 죄를 지었더라도 일본 관리가 심판한다.

QR코드로 영상 보기

조선의 개혁은 어떻게 이루어졌을까?

만두 탐정의 사건 돋보기

근대화의 물결

개항(開港)
개항이란 열다 개(開)와 항구 항(港)이 합쳐진 말로 항구를 열어 외국과 통상하는 일을 뜻해.

병인양요
프랑스는 자신의 나라 선교사를 처형했다는 이유로 통상을 요구하며 강화도를 침략하였어.

운요호 사건
일본은 이를 구실로 강화도의 초지진을 공격하며 통상을 요구하였는데, 일본 군함의 이름을 따서 운요호 사건이라고 해.

신미양요
미국은 제너럴 셔먼 호 사건을 이유로 강화도를 침략했어.

 무시받고 차별받던 군인들의 선택

　강화도 조약 이후 조선의 쌀이 일본에 저렴한 가격에 날개 돋치듯 수출되며 조선에서는 쌀이 부족해져. 많이 팔면 좋은 것 아니냐고? 일본과의 무역은 조선에 철저히 불리한 것이었어. 일본이 조선에 무제한으로 찍어낼 수 있는 공산품을 수출한 반면, 조선은 일본에 생필품인 쌀을 수출해야 했지. 이로 인해 조선 내, 쌀이 부족해지자 쌀의 가격이 치솟았어. 사람들은 쌀을 구하기 어려워져 배고픔에 시달려야 했지. 배고픔에 허덕이는 일반 백성들과 일본과의 통상으로 몰락한 수공업자들을 중심으로 반일 감정은 점점 커져만 갔어.

　한편 병인양요와 신미양요를 거치면서 고종은 외세의 침략에 맞설 군사력 강화를 꿈꾸었어. 그래서 양반의 자식들로 이루어진 신식 군대 별기군을 만들었지.

　좋은 대우를 받는 별기군과 다르게 하층민으로 이루어진 구식 군대는 상대적으로 푸대접을

탐정의 비밀 노트

☑ **별기군**
조선 후기 신식 군대.

▶ 폭발한 구식 군인

받았어.

  나라 안의 쌀이 부족하여 무려 1년 동안 급료를 받지 못한 어느 날, 구식 군인들은 밀린 급료를 지급하겠다는 소식에 기뻐하며 창고로 갔어. 하지만 그들이 받은 것은 모래와 겨가 섞인 쌀이었어. 쌀에서는 썩은 냄새까지 났단다.

  분노한 군인들은 창고지기를 구타하였어. 그 일로 주동자가 구속되었지. 구식 군인들의 쌓였던 분노는 결국 임오년에 반란으로 폭발하고 말았어.

  이때 고종의 개화 정책에 불만을 품은 백성들도 구식 군인들이 일으킨 반란에 합세했단다. 임오년에 일어난 구식 군인들의 반란을 임오군란(壬午軍亂)이라고 해.

군인과 백성들은 일본 공사와 궁궐을 습격했어. 그들은 굿을 하는데 나라의 돈을 탕진한 왕비를 찾으려 했지. 하지만 왕비는 이미 피신한 뒤였어. 반란을 일으킨 세력들은 흥선대원군의 재집권을 원했고, 결국 고종이 흥선대원군에게 사태수습을 부탁하며 흥선대원군은 다시 권력을 잡게 되었단다.

흥선대원군은 고종이 펼친 개화 정책을 원점으로 돌리려 했으나 그 뜻을 이룰 수 없었어. 뜻을 이루기 전에 자신을 초대한 청나라에 납치되어 청나라로 끌려갔기 때문이야. 청나라는 고종에게 권력을 다시 돌려주었어.

한 나라의 최고 권력자가 다른 나라에 납치된 것만 봐도 당시 조선의 국력이 얼마나 약하였는지를 알 수 있지?

그런데 청나라는 흥선대원군을 왜 납치한 것일까? 청나라는 임오군란 이후, 자신들보다 일본이 조선에 영향력을 더 행사할 것을 우려하였어. 그래서 자신들의 힘으로 조선의 최고 권력자를 교체한 거야. 청나라의 도움을 받아 권력을 되찾은 고종은 청나라의 간섭을 점차 심하게 받게 된단다.

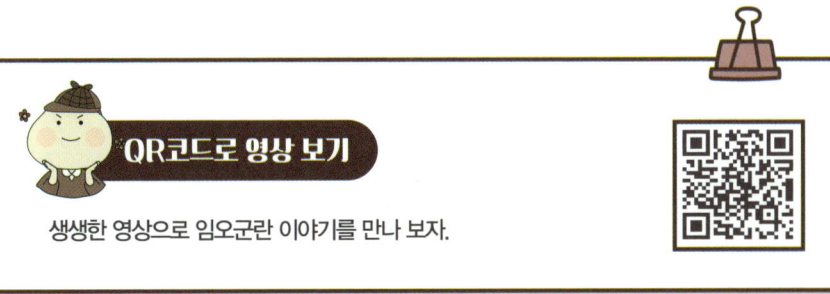

QR코드로 영상 보기

생생한 영상으로 임오군란 이야기를 만나 보자.

만두 탐정의 사건 돋보기

HINT 구식군인, 쌀, 청나라, 임오군란, 별기군

1. 시대적 상황

저렴한 가격으로 일본에 _____ 을 수출하는 바람에 값이 치솟아 구하기 어려워졌소.

농민

2. 사건 과정

우린 주로 하층민들로 이루어졌어. 사람들이 _____ 이라고 불렀지.

아니 글쎄, 밀린 급료를 모래와 겨가 섞인 쌀로 받았다구.

임오년에 일어난 _____ 들의 반란을 _____ 이라고 해. 우린 흥선대원군의 재집권을 원했어.

우린 양반의 자식들로 이루어진 신식군대 _____ 이야.

3. 임오군란 결과

다시 권력을 잡아볼까 했더니 _____ 가 나를 납치했소. _____ 의 도움으로 권력을 되찾은 고종은 _____ 의 간섭을 점차 심하게 받는다오.

정답: 쌀, 구식군인, 구식군인, 임오군란, 별기군, 청나라, 청나라, 청나라

3일로 끝난 그들의 꿈

임오군란 이후, 고종은 서양 여러 나라와 조약을 맺고 척화비를 철거해. 조선에도 개화의 바람이 불기 시작하였지. 개화에 대한 생각은 크게 2가지로 나뉘었단다.

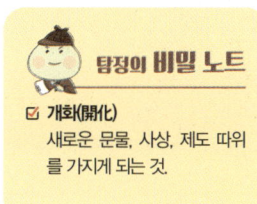

탐정의 비밀 노트
☑ 개화(開化)
새로운 문물, 사상, 제도 따위를 가지게 되는 것

김홍집을 중심으로 한 온건개화파는 청과의 관계를 유지하며 서양의 기술을 받아들이자고 주장하였어.

김옥균을 중심으로 하는 급진개화파는 청나라의 간섭을 물리치고 서양의 기술은 물론 사상과 제도까지 받아들이자고 주장하였지.

청나라의 간섭과 온건개화파의 주도로 이루어지는 느린 개혁에 급진개화파는 답답함을 느꼈어. 그러던 어느 날 청나라의 간섭에서 벗어나 자주적으로 조선의 근대화를 이룩하고자 했던 급진개화파에 하나의 소식이 전해져.

조선에 주둔하고 있던 청나라 군대의 절반이 프랑스군과의 전쟁에 투입되었다는 소식이었어. 조선에 영향력을 행사하고 싶었던 일본은 군사적

◀ **갑신정변의 주역**
사진 왼쪽부터 박영효, 홍영식, 서재필, 김옥균이야. 이들은 정변 실패 후 청군에 의해 죽거나 일본으로 망명을 떠나게 되었어.

지원을 약속하며 급진개화파에 정변을 부추겼지.

1884년 갑신년, 조정 대신들과 외국 공사들이 우정총국의 완공을 축하하기 위해 잔치에 참석해 있었어. 급진개화파는 잔치가 어수선해진 틈을 노려 반대 세력을 제거하였는데 이를 갑신정변이라고 해.

이들은 고종과 왕비가 머무는 곳을 옮기고 새 정부를 조직하였어. 그리고 다음과 같은 주요 정책 개혁안을 발표하였지.

갑신정변 개혁안

1. 청에 바치던 조공을 없앤다.
2. 백성들이 평등한 권리를 갖는 제도를 마련하며 능력에 따라 관리를 임명한다.
3. 세금 제도를 고쳐 관리의 부정을 막고 국가 재정을 넉넉하게 한다.

▶ 우정총국
조선 후기 우체국 업무를 담당하던 기관이야.

급진개화파는 새로운 세상을 만들었을까? 안타깝게도 혁신적인 그들의 개혁안이 시행되는 일은 없었어. 그들의 세상은 길지 않았단다. 왕비와 비밀리에 연락을 취한 청나라군이 궐 안으로 들어오자 일본군은 철수를 결정했고 급진개화파는 실패를 직감하였지.

3일 만에 끝이 나버린 갑신정변을 '3일 천하'라고도 부른단다.

청나라의 간섭을 물리치고 서양의 기술은 물론 사상과 제도까지 적극적으로 받아들이려 했던 급진개화파의 계획이 실패로 끝나버린 까닭은 무엇일까?

먼저 그들은 일본의 힘에 지나치게 의지하였어. 의지했던 일본군이 철수하자마자 급진개화파는 무너졌지. 급진개화파는 백성들에게 지지도 받지 못하였어. 그 이유는 당시 백성들이 싫어하던 일본의 힘을 빌렸기 때문이야. 일본에 대한 백성들의 분노가 어찌나 큰지 백성들은 갑신정변 직후 일본 공사관을 불태우고 일본인들을 죽이기도 하였어.

 조선의 근대화와 자주독립을 목표로 일어난 갑신정변은 실패로 끝이 났고 조선에 대한 청나라의 영향력과 간섭은 이전보다 더욱 심해지게 돼.

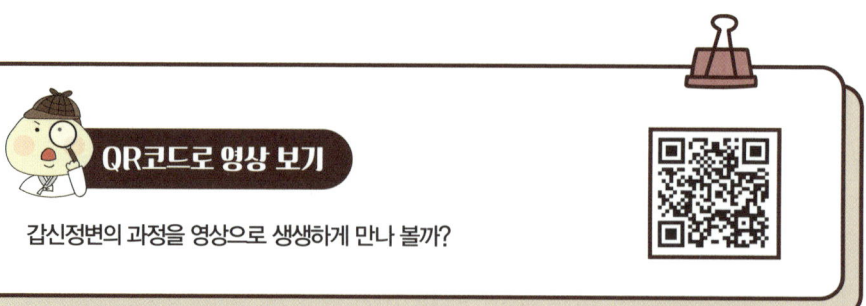

QR코드로 영상 보기

갑신정변의 과정을 영상으로 생생하게 만나 볼까?

만두 탐정의 사건 돋보기

✅ **HINT** 우정총국, 청나라, 서양

1. 온건개화파 vs 급진개화파

김홍집: 청과의 관계를 유지하며 서양의 기술을 받아들입시다.

김옥균: _____의 간섭을 물리치고 자주적으로 _____의 기술은 물론 사상과 제도까지 받아들이죠.

2. 갑신정변의 과정을 정리해 볼까?

- 조선에 주둔한 청나라 군대의 절반이 프랑스군과의 전쟁에 투입되었다는 소식을 들었지.

- 일본은 군사적 지원을 약속하며 급진개화파에게 정변을 부추겼어.

- _____ 완공 축하 자리에서 급진개화파가 반대 세력을 제거했어.
  - 1884, 갑신년
  - 갑신정변

- 청나라군이 궐 안으로 들어오자 일본군은 철수를 결정하고, 급진개화파는 개혁에 실패하게 되었지. 3일 만에 갑신정변이 끝이 났어.
  - 3일 천하
  - 백성들의 지지 NO
  - 일본에 지나치게 의지

정답: 청나라, 서양, 우정총국

 억압받던 민중들, 동학의 이름으로 일어나다

　근대화의 물결에 맞추어 조선도 변화하기 위한 시도를 하지만 제대로 된 개혁은 이루어지지 않아. 그 이유는 무엇이었을까? 그건 조선 사회 내부의 오래된 체제를 유지한 채로 서양의 문물만을 받아들였기 때문이야. 지배층은 그들이 가진 것을 내려놓으려 하지 않았지. 지방 관리들의 수탈과 횡포는 줄어들지 않았고 백성들은 여전히 힘든 삶을 살고 있었어.

　곡창 지대인 전라도는 탐관오리들의 수탈이 특히 심한 지역이었단다. 고부군수 조병갑도 탐관오리 중 하나였지. 그는 자신의 아버지를 칭송하는 비석을 세워

▶ **조병갑**
탐관오리 조병갑은 동학농민운동의 직접적인 원인을 제공했어.

야 한다며 백성들에게 돈을 강제로 거두었어.

여기서 그치지 않고 그는 백성들에게 마을 저수지를 만들 비용 또한 내게 하고, 저수지가 백성들의 힘으로 만들어졌음에도 불구하고 저수지를 사용하는 데에도 세금을 매겼어.

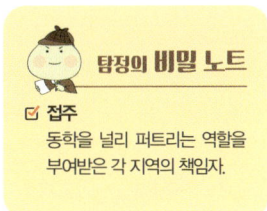

접주
동학을 널리 퍼트리는 역할을 부여받은 각 지역의 책임자.

백성들은 조병갑에게 세금을 줄여 달라고 요청하였지만 매만 맞기 일쑤였어. 백성들의 분노는 극에 달하였고 조병갑의 폭정에 맞서 한 사람이 일어났어. 그가 누구냐고? 그의 이름은 전봉준, 동학의 접주였지.

동학이 뭐냐고? 동학은 서양 세력의 침입과 천주교의 확산에 맞서기 위하여 최제우가 창시한 종교야. 동학은 '사람이 곧 하늘이다'라는 인내천 사상과 '새로운 세상이 열릴 것'이라는 후천개벽 사상을 들어 당시 백성들에게 인기가 많았어.

전봉준을 앞세운 동학농민군은 단숨에 수탈의 상징인 고부 관아를 장악하고 저수지를 헐어 버렸어. 그리고 그들은 계속 전진하였지.

동학농민군은 황토현 전투에서 관군

 전봉준
동학농민운동의 지도자야. 부패한 관리를 처벌하고 외세를 물리치려 했어.

▲ 동학농민군
동학농민군은 긴 죽창을 이용하여 싸웠어. 그들에게는 특별한 방패도 있었지. 동학농민군은 닭을 키울 때 사용했던 물건인 장태를 개조하였어. 그들은 장태 뒤에 몸을 숨긴 채 장태를 굴려 전진하며 관군의 총알을 막아 냈단다.

에게 승리한 것을 시작으로 승승장구하여 마침내 전주성까지 점령하게 되었지.

호남의 중심지이자 조선 태조 이성계의 고향인 전주성이 동학농민군에 점령된 것에 충격을 받은 조정은 청에 도움을 요청하였어. 그런데 이전에 청나라와 일본이 체결한 조약의 내용에 따라 일본도 청나라군과 함께 조선에 군대를 파견하게 되었어.

임오군란과 갑신정변에 이어 조선은 다시 혼란에 빠질 위기를 맞게 되었지. 상황이 심각해지자 조정은 동학농민군에게 협상을 제안했어. 청나라와 일본이 조선에 군대를 파견했다는 소식을 들은 동학농민군은 외국 군대의 개입을 막기 위해 조정의 협상 제안을 받아들였어.

동학농민운동 개혁안

1. 못된 양반은 그 죄를 조사해 처벌한다.
2. 노비 문서를 불태워 버린다.
3. 정해진 세금 외에 잡다한 세금을 없앤다.

이후 동학농민군은 그들이 주장한 개혁안을 시행해 줄 것을 조정에 약속받고 스스로 해산하였어. 동학농민군은 무엇을 주장하였을까?

농민들은 스스로 집강소를 운영하며 그들이 원하는 개혁을 추진해 갔어. 집강소의 힘은 지역마다 달랐지. 농민의 힘이 강한 지역에서는 모든 사람이 동등한 대우를 받았어. 하지만 농민의 힘이 약한 지역에서는 양반들이 집강소를 인정하지 않아 개혁이 쉽게 이루어지지 않았단다.

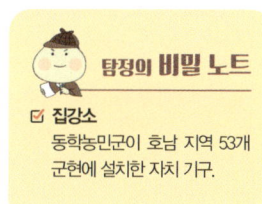

탐정의 비밀 노트
☑ 집강소
동학농민군이 호남 지역 53개 군현에 설치한 자치 기구.

한편 동학농민군이 해산함에 따라 조정은 청나라와 일본에 조선에서 군대를 물리라고 요구하였어. 조정의 요구를 받아들인 청나라와 달리 일본은 조정의 요구를 무시하였어. 조선에 남아 있던 일본은 경복궁을 점령하고 우리 조정에 개혁을 강요하며 정치에 간섭하였어. 그리고 조선에 대한 일본의 영향력을 넓히기 위해 청나라를 먼저 공격하였단다. 이렇게 청

▲ **동학혁명 위령탑**
최대 격전지였던 공주 우금치 지역에 동학농민군의 원혼을 달래고자 탑을 설치하였어.

나라와 일본이 벌인 전쟁을 청일전쟁이라고 해.

전쟁 결과 청나라에 승리한 일본은 그들의 검은 야욕을 드러내기 시작했어. 일본의 행태에 분노한 동학농민군은 일본을 몰아내기 위해서 다시 일어섰어.

동학농민군과 일본군은 우금치라는 지역에서 마주하게 돼. 낫과 죽창을 들고 싸우는 동학농민군이 신식 무기로 무장한 일본군을 상대하기에 역부족이었지.

동학농민군은 우금치 전투에서 일본군에 크게 패배하고 전봉준과 지도

부는 처형되었어. 그런데 동학농민운동의 원인을 제공한 탐관오리 조병갑은 어떻게 되었을지 궁금하지 않니?

농민 봉기를 피해 도망에 성공한 조병갑은 백성들을 착취한 죄로 귀양을 가게 돼. 하지만 귀양 간 것도 잠시 금방 풀려나 고등재판관이 되었지. 조선 사회는 양반에게 여전히 너그러웠고 백성에게는 가혹하였어. 농민들이 꿈꾼 모두가 평등한 세상은 결국 오지 않았어.

그렇다면 동학농민운동은 역사적으로 큰 의미가 없을까? 그렇지 않아. 동학농민운동은 백성들이 중심이 되어 일어난 운동으로 지배층의 수탈에 저항하고 외세의 침략을 물리치려 했다는 점에서 큰 의의가 있어. 또한 동학농민군이 내세운 개혁 요구는 정부의 갑오개혁에 부분적으로 반영되었고 후에 의병운동까지 큰 영향을 미치게 된단다.

QR코드로 영상 보기

동학농민군은 무엇을 주장하였을까?

만두 탐정의 사건 돋보기

전봉준의 동학농민 일지

동학은 서양 세력의 침입과 천주교 확산에 맞서기 위해 최제우가 창시한 종교이다.

1894년 음력 1월.
탐관오리인 조병갑의 횡포가 날이 갈수록 더 심해진다. 더 이상 참을 수 없다.
나 전봉준, 동학 접주로서 뜻을 같이하는 사람을 모아 봉기를 일으켜야겠다.

조병갑

1895년 음력 3월.
나는 처형이 되어 사라지겠지만, 동학농민운동은 큰 의의를 남겼다고 생각한다. 백성들이 중심이 되었고, 지배층의 수탈에 저항하고 외세의 침략을 물리치려 했지. 동학농민운동은 후에 의병운동까지 큰 영향을 미치게 되었다고 들었다.

한 나라의 왕비를 무참히 살해한 일본

청일전쟁에서 승리한 일본은 승리의 대가로 청나라에 랴오둥 반도(요동반도)를 받아 내었어. 만주로 진출하려 했던 러시아는 이에 위기감을 느끼고 프랑스 독일과 함께 일본에 랴오둥 반도를 반환하라고 압박하였지. 세 나라의 압박을 이기지 못한 일본은 랴오둥 반도를 결국 포기하였어. 이 일로 러시아의 힘을 확인한 고종은 친러파를 대거 등용하여 내각을 구성하고 러시아 세력을 끌어들이려 했어.

자연스레 조선 내에서 러시아의 영향력이 점차 강해지게 돼.

랴오둥 반도를 포기할 수는 있어도 조선은 포기할 수 없었던 일본은 러시아 세력을 몰아내기 위해 극단적인 방법을 생각해 내. 그건 바로 러시아 세력을 끌어들인 왕비를 시해하는 것이었어.

1895년 을미년에 일본 괴한들이 경복궁을 침입하여 왕비를 시해하게 되는데, 이를 을미사변이라고 해.

탐정의 비밀 노트
☑ 시해
윗사람을 죽이는 것

◀ **명성황후**
고종의 아내로 명성황후라는 호칭은 그녀가 죽은 후, 고종이 대한제국의 황제로 즉위하면서 붙여져.

일본은 왕비의 시체를 불태우며 사건을 숨기려고 하였지. 하지만 사건의 진실은 현장에 남아 있던 사람들의 증언으로 전 세계에 알려지게 되었고 일본은 국제적으로 거센 비난을 받게 되었어.

일본은 그때에야 비로소 사건의 관계자들을 법정에 세웠지만 그들 모두를 증거불충분으로 석방하였어. 한 나라의 왕비를 살해한 일로 그 누구도 처벌받지 않았던 거지.

을미사변 이후 정권을 장악한 친일 내각은 단발령을 시행하였어. 부모님에게 물려받은 것을 소중히 여기는 전통이 있었기 때문에 사람들은 단발령에 크게 반발하였어. 단발령은 강제적으로 실시되었어. 사람들은 가는 길에 붙잡혀 상투를 잘렸지. 상투가 잘려 통곡하는 사람들로 거리는

▲ 의병
종군기자 프레드릭 아서 맥켄지가 의병들을 직접 만나 보고 찍은 사진. 정식 복장을 갖추어 입은 사람은 강제 해산된 대한제국의 군인인 것으로 추측돼.

가득 찼고 울분에 못 이겨 스스로 목숨을 끊는 사람도 있었어.

단발령은 조선 사람들의 반일 감정을 더욱 고조시켰어. 왕비 시해 사건과 단발령으로 분노한 의병들이 전국 각지에서 일어났어.

한편 왕비의 죽음에 신변의 위협을 느낀 고종은 러시아에 의지하기 위해 비밀리에 궁궐에서 탈출하여 러시아 공사관으로 이동하게 돼. 이 사건을 아관파천이라고 한단다.

러시아 공사관에서 고종은 친러 내각을 새롭게 발표하는 동시에 친일 관리를 체포하라는 명령을 내렸어. 이로 인해 조선에서 일본의 영향력은

축소되었고, 러시아의 영향력이 커지게 되었지.

　러시아의 보호를 받게 된 고종은 그 대가로 러시아에 많은 것을 내주어야 했어. 조선은 러시아에 나무를 베고 가져갈 권리를 제공한 것을 시작으로 여러 권리를 내주게 돼.

영상으로 을미사변에 대해 알아볼까?

만두 탐정의 사건 돋보기

1. 삼국 간섭으로…

일본: 러시아, 프랑스, 독일 세 나라 때문에 랴오둥 반도를 포기할 수밖에 없었지. 분하다.

오호라? 러시아를 끌어들여 일본의 간섭을 막아야겠다.

2. 러시아 세력을 몰아내기 위한 일본의 극단적 방법은?!

그로 인해 조선에서 러시아의 영향력이 다시 커지게 된다.
그리고 러시아의 보호를 받게 된 고종은 그 대가로 러시아에 많은 것을 내주게 된다.

자주독립과 근대화를 위한 노력

▲ 서재필
미국인 아내와 결혼하고 미국에서 살던 중 귀국하여 독립협회를 조직하였어.

강대국들의 경제적 침략이 본격화될 때, 필립 제이슨이라는 이름의 한 남자가 미국에서 조선으로 귀국하였어. 갑신정변에도 참여한 이 사람은 대체 누구일까? 그는 바로 서재필이었어.

백성들의 지지를 받지 못해 실패한 갑신정변을 교훈 삼아 서재필은 진정한 개혁은 백성들의 생각을 바꾸는 데서 시작해야 한다고 생각했어.

그래서 그는 한글로 된 《독립신문》을 만들어 나라 안팎의 소식을 백성들에게 알렸지.

서재필은 뜻을 같이하는 사람들을 모아 독립협회도 설립하였단다. 조정의 관리들도 독립협회 활동에 참여하였지.

독립협회의 이름이 일본에 독립하자는 의미로 생각하는 사람이 많은데 그렇지 않아. 일본에 나라를 빼앗긴 것은 그 후의 일이란다. 그들이 주장한 것은 청나라의 간섭에서 독립하는 것이었어.

독립협회는 자주독립 의식을 고취하고자 청의 사신을 맞이하던 영은문이 있던 자리 부근에 독립문을 세웠어. 또한 그들은 다른 나라의 간섭과 권리 요구를 비판하고 고종의 환궁을 요구하였지.

러시아 공사관에 머문 지 1년 만에 경운궁으로 돌아온 고종은 1897년, 하늘에 제사를 지내던 환구단에서 황제로 즉위하며 대한제국을 선포했어. 황제는 왕 중의 왕을 뜻해. 국력이 강하고 주변 국가들을 아우를 수 있는 위치에 있는 왕들이 황제를 칭하곤 했지.

▶ **고종황제 어진**
붉은색 곤룡포가 아닌 황제를 상징하는 황색 곤룡포를 고종이 입고 있어.

◀▼ **독립문**
파리의 개선문 양식을 참고하여 설계되었어. 독립문이라는 글씨 양옆에 태극기도 새겨져 있어.

하지만 당시 조선의 상황은 그러지 못하였어. 당시 조선은 강대국들의 간섭으로 국력이 약해진 상황이었지. 그런데 고종은 어떤 생각으로 황제가 되길 마음먹었을까?

조선은 나라의 정체성을 유지하며 중국에 사대를 해왔었어. 강한 나라에 맞서 살아남기 위해 약한 나라가 취한 방법이었지. 고종은 지금까지 취해 왔던 사대를 버리고 자주독립 의지를 알리기 위해 황제의 나라를 선포하였어. 고종은 이를 통해 대한제국이 다른 나라와 대등한 자격을 갖추기를 희망했어.

대한제국을 선포한 이후, 독립협회는 백성들을 깨우치기 위한 목적으로 종로 광장에서 만민공동회를 개최하였어.

이곳에서는 신분이나 성별에 상관없이 모든 사람이 참여할 수 있었지. 조선의 옛 풍습 비판, 남녀평등 주장, 대한제국 자주독립 주장 등에 대해 토론을 하는 방식으로 만민공동회는 운영되었어.

◀ 만민공동회
천민인 백정이 고위 관리들 앞에서 연설을 하기도 하였어.

만민공동회는 1만 명이 모이는 큰 규모로 성장하게 되었지. 만민공동회는 러시아의 간섭에도 강력히 반대하는 목소리를 내었는데 만민공동회의 반대에 러시아는 그들의 뜻을 굽히고 물러났지. 백성들은 그들의 생각이 반영된 것에 대해 모두가 크게 기뻐하였어.

하지만 고종의 생각은 달랐지. 고종은 러시아와 돈독한 관계를 유지하고 싶었던 거야. 고종은 이 일로 만민공동회를 경계하기 시작하였고 결국 서재필을 해고해 버렸어. 이에 서재필은 실망하여 미국으로 돌아가 버렸지.

이후 독립협회에 불만이 많았던 관리들의 모함으로 독립협회는 해산되었어. 민주주의의 싹을 움트게 했던 독립협회가 황제권 강화에 힘쓴 고종에 의해 역사의 뒤안길로 사라지게 된 거지.

이후 고종을 중심으로 사회 여러 분야에 걸친 개혁들이 추진되기 시작해. 외세의 개입으로 이루어진 이전 개혁들과 달리 개혁은 자주적으로 추진되었어. 고종은 무엇보다 자주적인 국방을 이루려고 힘썼어.

근대식 학교를 설립하고 외국에 유학생을 파견하는 등 교육에 관심을 가지기도 하였어. 도로를 넓히고 전기를 이용한 전등과 전차를 들여와 교통과 통신도 발달시켰지. 다양한 분야에서 개혁을 시도했으니 대한제국은 큰 발전을 이루었을 것 같겠지만 아쉽게도 큰 성과를 거두지는 못하였어. 그 이유는 무엇일까?

그건 개혁을 추진하기에 당시 나라의 재정이 너무나도 취약했고 러일전쟁에서 승리한 일본이 조선 침략을 본격화했기 때문이야. 개혁이 조금 더 일찍 추진되었더라면 어땠을까? 우리나라의 역사가 달라졌을까? 아쉬움이 남는 부분이야.

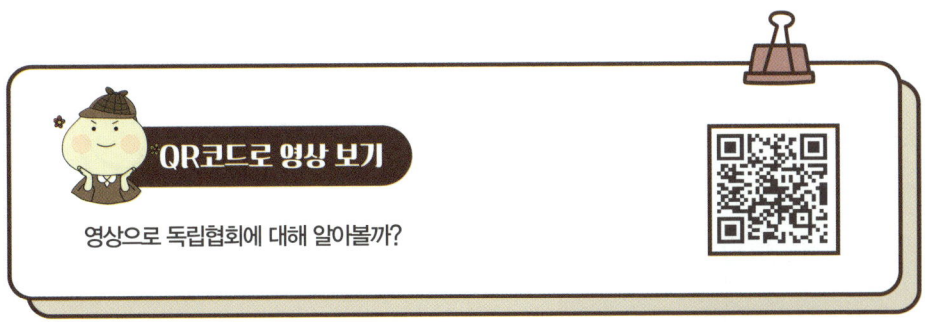

영상으로 독립협회에 대해 알아볼까?

만두 탐정의 사건 돋보기

HINT 대한제국, 독립신문, 독립협회

서재필과 고종은 어떤 생각을 했을까?

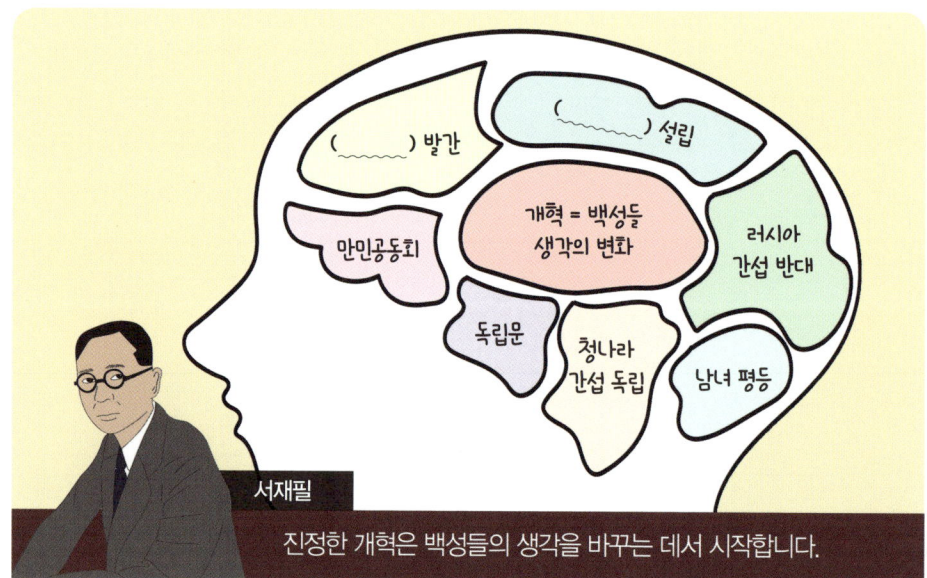

진정한 개혁은 백성들의 생각을 바꾸는 데서 시작합니다.

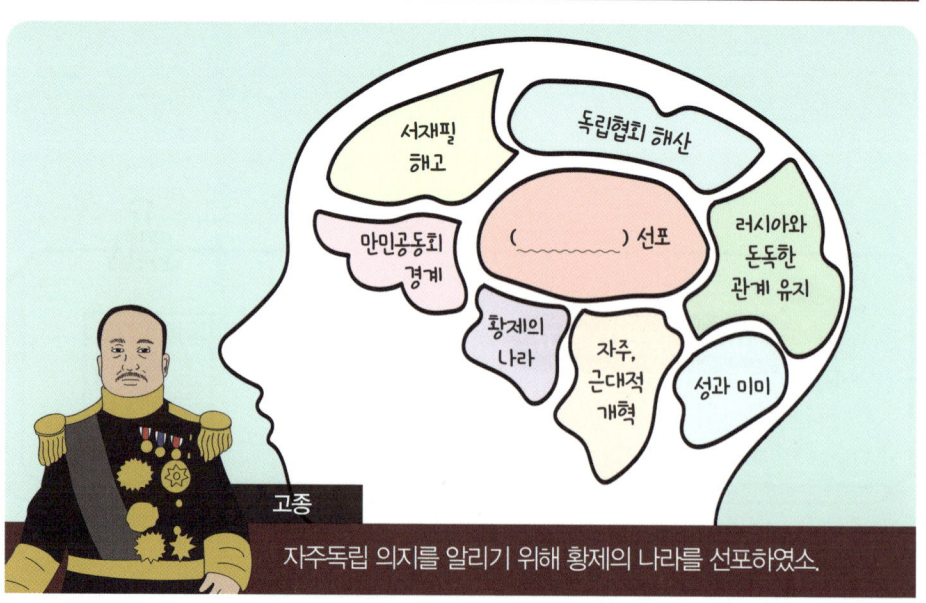

자주독립 의지를 알리기 위해 황제의 나라를 선포하였소.

 전등, 경복궁의 밤을 밝히다

1800년대 후반 개항을 택한 조선은 신문물을 받아들이게 되었어. 처음 보는 물건들이 조선에 물밀듯 들어오니 사람들이 얼마나 신기하고 놀랐을까? 최개항의 이야기로 개화기 변화된 조선 사회의 모습에 대해 함께 알아보자.

최개항은 오늘도 종로 거리를 정신없이 걷고 또 걸었어. 양복점에서 산 쥐색 양복을 입고 상투를 잘라 짧아진 머리칼을 흩날리며 거리를 누볐지. 분명 얼마 전까지만 해도 어두컴컴해서 걸어 다닐 엄두가 나질 않았는데 지금 종로는 전깃불로 밤하늘이 환하게 빛나고 있었지.

▶ 양복과 커피
  고종은 커피를 즐겨 마셨다고 해.

229

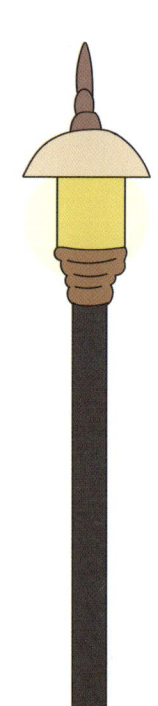

▶ **경복궁을 밝히는 전깃불**
갑신정변 이후, 밤에 일이 일어날 것을 우려한 고종은 밤새 전등을 밝히도록 명했다고 해.

우리나라에서 가장 먼저 전깃불이 켜진 곳은 어디였을까?

맞아! 경복궁이었어. 처음엔 성능이 별로 좋지 않았던 전등은 이후 거리를 밝힐 만큼 성능이 좋아지게 되었어.

신나게 길거리를 걷고 집에 돌아온 최개항은 커피를 마시고 있는 아내를 보았지.

최개항이 사는 집은 겉은 한옥인데 내부는 서양식으로 탈바꿈한 곳이었어. 당시 조선에서는 서양식 집인 양옥이 하나둘 점점 늘어나고 있었어. 최개항의 집도 이러한 유행을 따라간 거지.

어느 날 최개항의 아내는 최개항에게 재미있는 이야기를 들려주었어.

▶ **전차**
전차는 돈만 있다면 누구나 탈 수 있었어. 신분과 성별이 각기 다른 사람들이 함께 전차를 타게 되면서, 오랜 기간 조선 사람들의 삶에 큰 영향을 끼친 유교적 질서에 대한 인식이 점차 바뀌게 돼.

아랫마을에 전차라는 것이 개통되었는데 사람들에게 아주 인기가 많다는 거야.

그 인기가 어느 정도였냐 하면 전차를 타기 위해 전 재산을 잃는 사람도 있을 정도였지. 전차는 전기의 힘으로 달리는 차로 땅에서 달렸어. 오늘날의 지하철보다는 그 속도가 느렸지.

전차가 들어온 지 4개월 후에는 최초의 철도도 개통되어 사람들은 기차를 타고 여러 지역을 이동할 수 있게 되었어.

그런데 신식 문물에 관심이 많았던 최개항에게도 가까이하고 싶지 않은 물건이 있었지. 그건 바로 전화였어. 당시의 전화는 비용이 매우 비쌌기에 적은 수의 사람들만 이용할 수 있었어.

고위 관료였던 최개항은 전화를 사용할 기회가 있었지. 하지만 처음 전화기를 이용한 날, 최개항은 상대방이 아닌 기계에 대고 이야기를 하는 모양새가 영 이상하고 불편해 전화를 더는 사용하지 않게 되었어. 지금 우리에게 매우 익숙하고 생활 속 깊이 들어와 있는 핸드폰을 생각해 보면 이해가 잘 안 될 수도 있어. 하지만 당시 사람들에게 전화는 상당히 낯선 물건이었단다.

▶ 전화
궁 안에서 전화를 받을 때는 엎드려 절을 한 뒤 전화를 받았다고 해.

지금까지 최개항의 이야기를 통해 개화기 급격하게 변했던 조선 시대 사람들의 삶에 대해 알아보았어. 생활에 편리한 물건들이 많이 들어오고 전기, 철도와 같은 교통 산업이 발달했던 개화기 조선. 당시 사람들은 이러한 변화가 좋기만 했을까? 아쉽게도 당시 전기, 철도, 해상 교통과 같은 산업의 소유권은 외국에 있어 그로 인해 발생하는 모든 이익은 외국으로 넘어갔어. 세상은 철저히 힘의 논리로 움직였지.

근대화에 성공한 강대국들은 조선의 많은 것들을 앗아갔고 조선의 백성들은 그러한 현실에서 어려운 삶을 살 수밖에 없었어.

만두 탐정의 사건 돋보기

✅ **HINT** 전등, 전차, 전화, 양옥,

개화기 변화 '신문물 이야기'

최개항 씨는 신식 문물에 관심이 많은 사람이었지?!
최개항 씨 주변 사람들이 말하는 신문물이 각각 무엇인지 찾아 줘!

❶ 주말에 친구와 이것을 타러 아랫마을에 가 보기로 약속했어.

❷ 사람이 아니라 기계에 대고 이야기하는 게 이상했지만 신기하기도 했소.

❸ 우리나라에서 처음 이것이 켜진 곳은 경복궁이라지. 밤에도 환해서 좋구려.

❹ 서양식으로 지은 집, 건축물을 가리키는 말이지요. 요즘에 내부만 서양식으로 리모델링한 집이 유행이랍니다.

보기

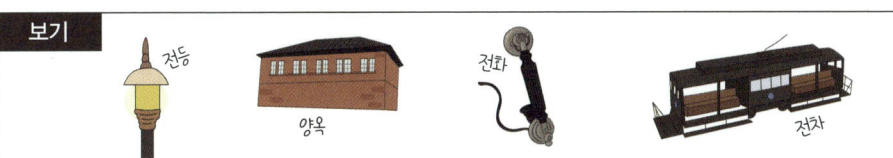

전등, 양옥, 전화, 전차

6부

일제강점기의
비밀을 풀다!

일장기가 한반도 곳곳에 걸려 있어. 조선이 일제에 나라를 빼앗긴 모양이야. 일제강점기 학교에서는 칼을 찬 선생님이 무서운 얼굴로 일본말을 하며 아이들을 가르치고 있어. 아이들은 교실에서 자신의 한글 이름 대신 일본어 이름으로 불리고 있구나. 거리 밖에는 일본 순사들이 조선 사람들의 행동을 낱낱이 관찰하고 있어. 일본 순사들이 칼과 총으로 무섭게 탄압하는 상황 속에서도 우리 조상들의 눈빛은 별처럼 빛나고 있어. 나라를 되찾기 위해 우리 조상들은 어떠한 노력을 기울였을까? 지금부터 만두 탐정과 함께 일제강점기로 떠나 보자.

 목놓아 통곡한 그날, 조선의 외교권을 빼앗기다

만주와 한반도에서의 세력 다툼으로 러시아와 일본의 갈등이 고조되자 대한제국은 둘 사이에서 중립을 선언하였어. 하지만 일본은 이를 가만두지 않았지. 일본은 대한제국을 자신의 세력권으로 강제로 끌어들였고 대한제국에 충분한 편의와 군사 전략상 필요한 지점을 제공할 것을 요구하였어. 1904년 러시아와 일본이 맞붙은 전쟁은 오랜 준비를 한 일본의 승리로 끝이 나게 돼. 그 결과 일본은 한반도에 대한 지배권을 국제적으

▶ 을사조약 만평
일본 군인이 고종을 위협하고 조정 대신들이 조약에 서명하고 있어. 실제 고종은 저 자리에 있지 않았어.

로 인정받게 되었지.

일본은 전쟁 기간 대한제국을 떠난 각국 공사들이 대한제국에 돌아오기 전 대한제국에 하나의 조약을 체결하도록 강요하였어. 대한제국의 궁궐을 포위하면서까지 일본이 체결하고 싶었던 조약에는 대체 어떤 내용이 적혀 있었을까?

조약의 내용을 보면 "일본의 중재를 거치지 않고는 다른 나라와 어떤 조약이나 약속도 맺지 않는다"라는 내용이 담겨 있어. 나라의 외교권을 빼앗는다는 뜻이었어. 외교권을 빼앗긴다는 것은 나라의 주권을 상실하는 것과 다름없었지.

물론 고종은 도장 찍는 것을 강력히 반대하였어. 각국의 조약이 성립하기 위해서는 왕의 도장이 필요하였기 때문에 일본은 그들이 원하는 바를 꺾을 수밖에 없었지. 하지만 일본은 순순히 물러서지 않았어. 이토 히로부미는 조정 대신 8명을 회유하고 협박한 끝에 8명 중 5명이 조약에 찬성하도록 만들었지.

그렇게 체결된 조약을 을사년에 억지로 맺은 조약이라는 의미에서 을사늑약(乙巳勒約)이라고 한단다. 을사늑약의 결과, 각국의 공사들이 대한제국에서 철수하게 되었고 대한제국은 국제 사회에서 고립되어 버렸단다.

이에 국내에서는 민영환과 같이 비통함을 참지 못하고 자결하는 사람이 많았지. 을사늑약은 강압적인 분위기에서 이루어졌을 뿐 아니라 고종 황제의 도장이 아닌 외부대신 박제순의 도장이 조약문에 찍혀 있기 때문

▶ **헤이그 특사**
왼쪽부터 이준, 이상설, 이위종이야. 외국어에 능통한 이위종이 조선의 비참한 현실을 세계 언론에 알리기도 했어.

에 무효였어.

고종은 조약의 부당함을 국제 사회에 알리고자 만국 평화 회의가 열리는 헤이그로 비밀리에 특사를 파견하였지. 하지만 힘이 우선시되는 국제 사회의 반응은 지극히 냉담하였단다. 헤이그 특사 3인은 일본의 방해로 회의장에 참석조차 할 수 없었어.

대한제국의 명맥을 어떻게든 이어가려던 고종은 일본에 눈엣가시였을 거야. 일본은 헤이그 특사 파견의 책임을 물어 고종을 강제 퇴위시켰어. 그리고 대한제국의 군대 또한 해산시켰지. 대한제국의 1대대장 박승환은 이 사실에 슬퍼하며 권총으로 자결하였고 그의 죽음에 부하들은 봉기하여 반일 무장 투쟁을 벌이기도 하였단다.

하루아침에 직업을 잃은 군인들은 단발령과 명성황후의 시해에 분노하여 일어난 의병에 합류하게 되었어. 그로 인해 의병의 전투력은 급격히 상승

▶ **평민 의병장 신돌석**
그는 실력이 뛰어남에도 불구하고
13도 창의군에 속하지 못했어.
그가 함께 했다면 결과가 달라졌을까?

하게 되었지. 해산 군인뿐 아니라 유생과 농민, 노동자, 승려, 소작인 등 여러 계층의 사람들이 의병 운동에 참여하였어.

태백산 호랑이라는 별명이 붙은 의병장 신돌석은 평민 출신으로 일본군과 맞서 싸우는 데 큰 활약을 하였어. 당시 의병 활동은 전국 각지에서 소규모로 일어나고 있었는데 의병들의 힘이 강해지자 전국 의병들의 힘을 합쳐 일본을 몰아내자는 목소리가 점점 커지기 시작했지. 그렇게 총대장을 이인영, 군사장을 허위로 하는 13도 창의군이 결성되었어.

그런데 13도 창의군이 서울진공작전을 세우고 그 작전을 펼치려 하던 찰나 갑자기 일이 생기고 말아. 총대장이었던 이인영의 아버지가 돌아가시게 된 거야. 이인영이 유교 예법에 따라 3년 상을 치러야 한다고 고향으로 내려간 바람에 의병들은 총대장이 없는 상태로 전투를 벌이게 되었어.

결과는 의병의 패배였어. 이후 일본은 의병 대토벌 작전을 펼치며 의병을 강하게 탄압하기 시작하였고 의병들은 일본의 탄압을 피해 한반도를

▲ 일제에 붙잡힌 의병들

떠나 만주와 연해주 지역으로 이동하게 되었어.

그러나 이러한 의병들의 노력에도 불구하고 을사늑약 체결 5년 후인 1910년, 대한제국은 국권을 완전히 상실하고 일본에 병합되는 아픔을 맞이하게 된단다.

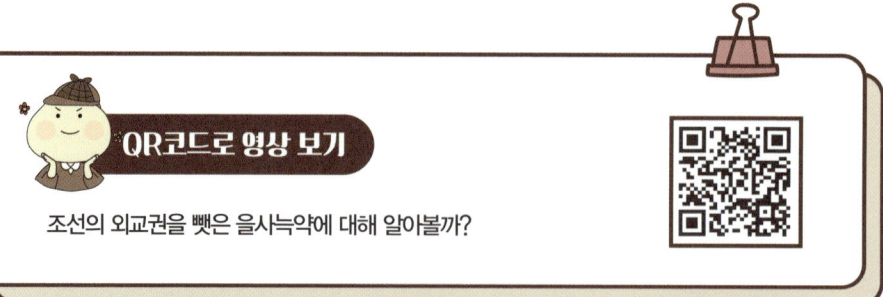

QR코드로 영상 보기

조선의 외교권을 뺏은 을사늑약에 대해 알아볼까?

만두 탐정의 사건 돋보기

✓ HINT 군대를 해산, 신돌석, 외교권

을사늑약 이후

회유와 협박 끝에 조정 대신 5명이 조약에 찬성하여 _____을 박탈당한다. #을사늑약

고종은 조약의 부당함을 국제 사회에 알리고자 헤이그로 비밀리에 특사를 파견한다.

#헤이그특사파견

일본은 대한제국의 _____ 시키고 이후, 군인들은 전국 각지에서 의병 운동에 합류하게 된다.

#군대해산 #의병운동

태백산 호랑이라는 별명이 붙은 평민 출신 의병장 _____ 은 일본군과 맞서 싸우는 데 큰 활약을 했다.

#평민의병장

일본에 대항하여 #13도창의군 #활동무대이동
13도 창의군이 결성되었으나 일본군에 패하였다. 탄압이 심해져 의병들은 만주와 연해주 지역으로 이동하여 항일투쟁을 이어나갔다.

 교육과 산업의 부흥으로 빼앗긴 주권을 되찾으려 한 사람들

지식인들은 을사늑약이 체결된 이유를 나라가 힘이 없기 때문이라고 생각했어. 국권을 회복하려면 먼저 실력을 길러야 하고 실력을 기르기 위해서는 교육과 산업을 발달시켜야 한다고 생각하였지. 그들은 이를 위해 다양한 노력을 하였는데 이를 애국계몽운동이라고 해.

을사늑약 체결 후 조선의 초대 통감이 된 이토 히로부미는 반일 성향의 각종

▶ **안창호**(사진 오른쪽)
미국에서 한인 교포들을 교육하고 그들의 생활 향상에 힘썼어. 평양에 대성학교를 세워 인재를 키워 내기도 하였어.

▶ 이회영
일가족 전체가 독립을 위해 전 재산을 바쳤어.

계몽운동을 탄압하였어.

안창호는 귀국하여 민족 운동가들과 함께 비밀리에 신민회를 조직하였어. 신민회 회원들은 전국 곳곳에서 강연회와 토론회를 열어 백성들을 일깨우고 백성들의 애국심을 일으키려 노력하였지.

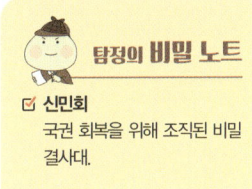

탐정의 비밀 노트

☑ 신민회
국권 회복을 위해 조직된 비밀 결사대.

신민회 회원이었던 박은식도 일본의 경제 침략에 대항하기 위해 민족 산업을 일으켜야 한다고 주장하며 방직 공장, 도자기 회사 등을 세우기도 하였어.

1910년 일본에 나라를 완전히 빼앗기자 신민회 회원들은 애국계몽운동만으로 국권을 회복하기 어렵다고 생각하였어. 그들은 무장 독립투쟁도 필요하다고 판단하였단다. 그래서 신민회는 독립군을 양성하였어. 독립군을 양성하는 데 가장 큰 역할을 한 건 이회영 일가였지. 이회영 일가는 명문가로 그들은 당시 명동 일대의 넓은 토지를 가질 정도로 부자였어.

이회영 일가는 "대의가 있는 곳에서 죽을지언정 구차히 생명을 도모하지 않겠다"라고 하며 몇 대에 걸쳐 풍족하게 쓸 수 있는 집안의 전 재산을 정리하여 간도에 신흥강습소를 세우고 간도와 만주에 독립군이 양성될 수 있는 기반을 마련하였어.

　이렇게 세워진 신흥무관학교는 일제의 탄압으로 폐교될 때까지 2천여 명의 졸업생을 배출하였어. 신흥무관학교를 졸업한 이들은 민족의 독립을 위해 크게 노력하였단다.

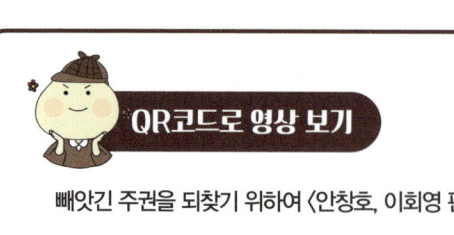

QR코드로 영상 보기

빼앗긴 주권을 되찾기 위하여 〈안창호, 이회영 편〉

만두 탐정의 사건 돋보기

✅ **HINT** 신민회, 민족 산업, 독립군, 대성학교

1. 애국계몽운동이란?

국권을 회복하기 위해 먼저 실력을 길러야 하고, 이를 위해 교육과 산업을 발달시키는 다양한 운동을 했는데 이를 애국계몽운동이라 불러.

2. 애국계몽운동에 힘쓴 인물들 카드 만들기

안창호

활동
- _____ 를 조직함.
- 평양에 _____ 세움.

박은식

활동
- _____ 을 일으킴.
- 방직 공장, 도자기 회사 등을 세움.

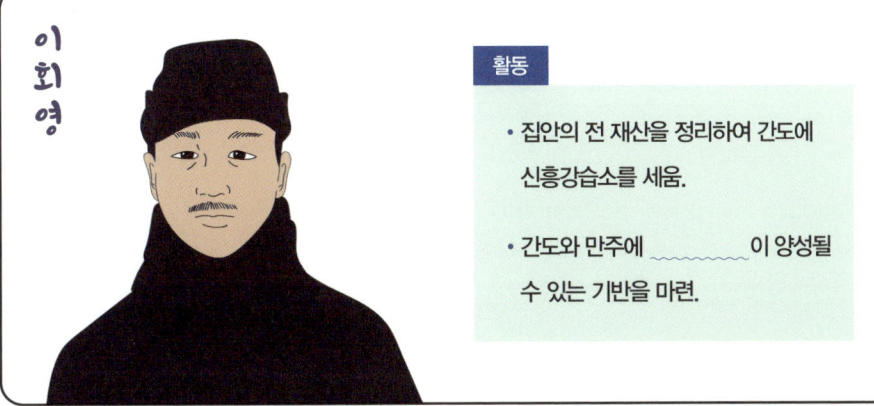

이회영

활동
- 집안의 전 재산을 정리하여 간도에 신흥강습소를 세움.
- 간도와 만주에 _____ 이 양성될 수 있는 기반을 마련.

안중근, 민족의 원흉을 저격하다

일본에 의해 국권을 상실하기 전인 1909년, 세계를 깜짝 놀라게 한 사건이 하얼빈역에서 일어났어. 조선 식민지화를 주도한 이토 히로부미가 조선의 한 사내에게 저격을 당한 것이었지. 러시아 경찰들이 그를 붙잡기 위해 달려왔음에도 그는 두려워하는 낯빛이 아니었어. 사건의 중심에 선 사내의 이름은 안중근이었어.

안중근 의사는 양반 가문에서 태어났지만 어린 시절 공부보다는 사냥하는 것을 좋아했어. 을사늑약으로 일본에 외교권을 빼앗기자 안중근 의사는 나라를 구하기 위해서는 인재를 길러내는 것이 필요하다고 생각을 하여 학교를 세웠어.

탐정의 비밀 노트

☑ **의사(義士)**
나라와 민족을 위해 외세에 저항하다 의롭게 죽은 사람. 무력을 통해 적에게 대항함.

그러나 일본에 의해 고종이 강제 퇴위되고 대한제국의 군대가 강제로 해산되자 안중근 의사는 생각을 바꾸게 돼. 안중근 의사는 교육만으로 나라를 구하기는 어렵다고 생각하였지. 그래서 러시아의 블라디보스토크로 가 의병으로 활동하게 된단다. 안중근 의사는 의병부대의 참모 중장으로 뛰어

▶ 안중근
천주교 신자였어. 그의 호 '도마'는 세례명 토마스에서 나왔단다.

난 활약을 하였어.
 그러던 어느 날 안중근 의사가 풀어 준 일본군 포로들이 의병부대의 위치를 알려주는 바람에 의병부대가 일본군의 기습을 받는 일이 발생해.
 이 일로 의병 부대원들은 뿔뿔이 흩어지게 되었지. 안중근 의사는 이 일로 좌절하지 않고 동지들과 단지동맹을 결성하였어. 그러던 중, 러일전쟁에서 승리하고 만주에 대한 지배권을 확고히 하기 위해 이토 히로부미가 하얼빈역을 방문한다는 소식을 안중근 의사는 듣게 돼.

▶ 단지동맹
11명의 동지와 함께 왼손 넷째 손가락 한 마디를 잘라 피로 '대한 독립'이라고 쓰고 나라를 위해 목숨 바칠 것을 맹세하였어.

247

안중근 의사는 이토 히로부미가 역에 도착하기를 기다렸어. 이토 히로부미가 역에 모습을 드러내자 안중근 의사는 총을 꺼내 이토 히로부미를 저격하였단다. 거사 직후 안중근 의사는 품속에서 태극기를 꺼내 들고 "코레아 우라(대한 독립 만세)"를 크게 외쳤지.

안중근 의사의 거사로 이토 히로부미는 숨을 거두었고 안중근 의사는 뤼순 감옥에 갇히게 돼. 판사, 변호사, 방청인까지 모두가 일본인으로 채워진 재판장에서 거사를 함께 준비한 우덕순, 조도선, 유동하와 함께 안중근 의사는 재판을 받았어. 안중근 의사가 이토 히로부미를 처단한 까닭은 무엇일까? 안중근 의사가 옥중에서 집필한 자서전에서 우리는 그 까닭을 확인할 수 있어. 재판장에서 안중근 의사는 다음처럼 말하였지.

"내가 이토 히로부미를 죽인 것은 한 나라의 의병 중장으로서 한 일이지 일개 개인으로서가 아니다. 이토 히로부미는 동양 평화를 방해하고 한국과 일본의 관계를 어지럽히기 때문에 그를 처단한 것이다. 나는 지금 전쟁에서 포로가 되어 이곳에 온 것이다. 그러므로 나를 처벌하려거든 만국공법에 따라 해야 할 것이다."

국내뿐만 아니라 다른 나라에서도 안중근 의사를 구하려고 노력하였어. 그러나 안중근 의사를 구할 수 없었지. 안중근 의사는 재판에서 사형을 선고받게 돼.

안중근 의사의 어머니 조마리아 여사는 직접 지은 수의와 함께 다음과 같은 편지를 안중근 의사에게 보냈단다.

"네가 나라를 위해 이에 이른즉 딴마음 먹지 말고 죽으라. 옳은 일을 하고 받은 형이니 비겁하게 삶을 구하지 말고 대의에 죽는 것이 어미에 대한 효도이다. 아마도 이 편지가 이 어미가 너에게 쓰는 마지막 편지가 될 것이다. 여기에 너의 수의를 지어 보내니 이 옷을 입고 가거라." 안중근 의사는 어머니의 뜻에 따라 항소하지 않았지.

"나의 뼈를 하얼빈 공원 곁에 묻어 두었다가 우리 국권이 회복되거든 고국으로 옮겨서 장사 지내다오"라는 유언을 남기고 안중근 의사는 서른한 살의 나이로 순국하였어.

일본은 안중근 의사의 유해를 가족에게 넘기지도 않고 기록도 남기지 않았어. 안타깝게도 오늘날까지 우리는 안중근 의사의 유언을 받들지 못하고 있단다.

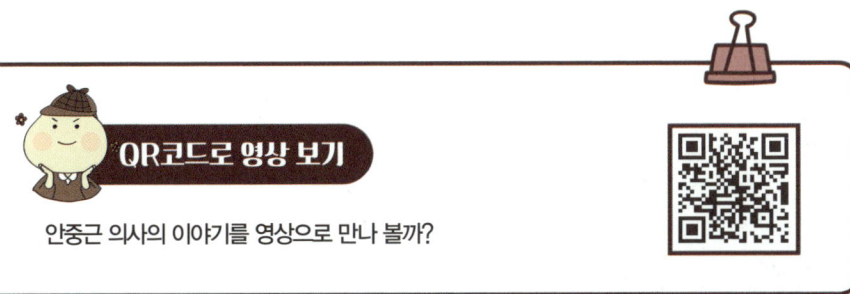

만두 탐정의 사건 돋보기

나라를 지키기 위한 안중근 의사의 노력

1906년
나라를 구하기 위해서는 인재를 길러내는 것이 필요하다. 그러기 위해선 학교를 세워야겠다.

1908년
러시아 블라디보스토크의 의병 부대 참모 중장이 되어 활동 중이다. 고종이 강제 퇴위되고 대한제국의 군대가 강제로 해산되었다. 교육만으로는 나라를 구하기 어렵겠구나. 나는 러시아로 간다.

1909년
동지들과 나라를 위해 목숨 바칠 것을 맹세하였다. 단지동맹 영원하기!!

1909년 10월 26일
이토 히로부미는 동양 평화를 방해하고 한국과 일본의 관계를 어지럽혀서 그를 처단했다. 내가 이토 히로부미를 죽인 것은 한 나라의 의병 중장으로서 한 일이다.

안중근의 독립 노트

# 선생님이 학교에 칼을 차고 다녔다고?

일본은 조선을 통치하기 위해 경복궁의 건물들을 헐어 내고 그 자리에 조선총독부를 세웠어. 일본은 조선인들을 어떻게 대했을까? 그들은 총과 칼을 내세워 무력으로 조선인들을 굴복시키려고 했어. 조선총독부의 군인 출신 일본 총독은 비인도적인 방법으로 조선을 지배하였지. 강압적인 무단통치의 시작이었어. 이 당시 조선의 거리에는 일본인 군인 경찰들이 칼과 총을 들고 거리를 걷는 모습을 심심찮게 볼 수 있었는데, 그들은 재판 없이 조선인을 즉시 처벌할 수 있는 권리를 가졌어. 그로 인해 일본 순사는 조선 사람들에게 공포의 대상이 되었지. 또한 이때에는 모든 집회와 정치 활동도 금지되었단다.

 일본 순사
재판 없이 즉시 처벌할 수 있는 권리를 가진 순사는 조선인에게 공포의 대상이었어.

학교는 어떤 모습이었을까? 학교에서는 일본인 교사들이 제복을 입고 칼을 찬 채로 학생들을 가르쳤어. 긴장된 환경에서 학생들이 학업에 집중할 수 있었을까? 어린 나이에 마음 편히 학교에 다닐 수 없었던 아이들을 생각하면 마음이 아파 와.

조선인에 대한 경제적인 수탈도 급속하게 진행되었어. 조선총독부는 조선의 토지를 수탈하기 위해 토지 조사 사업을 시작하였어.

일본은 복잡한 서류를 짧은 기간 안에 작성하여 토지를 신고하라는 무리한 명령을 내렸어. 당연히 조선의 대부분 농민들은 제시간까지 토지를 신고하지 못하였단다. 그 결과 조선 농민들은 오랫동안 경작해 오던 토지를 하루아침에 조선총독부에 빼앗기게 돼.

▼ **조선총독부**
일제강점기에 조선을 지배했던 식민 통치 기구야.

이러한 방법으로 빼앗은 토지를 조선총독부는 어떻게 했을까?

소작농
다른 사람의 땅을 빌려 농사 짓는 사람.

당시 일본에서 조선으로 이주하려고 온 일본인들이 많았는데, 이들은 조선인에게 빼앗은 토지를 일본인 이주자에게 헐값으로 넘겼어. 토지를 많이 소유한 일본인들은 대지주가 되고, 조선의 농민들은 그들의 소작농으로 전락해 버리게 돼.

만두 탐정의 사건 돋보기

✓ HINT   토지 조사 사업, 무단통치, 조선총독부

일제강점기 민족의 고통

일본은 조선을 통치하기 위해 경복궁의 건물들을 헐어 내고 그 자리에 _____ 를 세웠어.

조선의 거리에서는 일본인 군인 경찰들이 칼과 총을 들고 다니는 모습을 심심찮게 볼 수 있었어. _____ 의 시작이었어.

학교에서는 일본인 교사들이 제복을 입고 칼을 찬 채로 학생들을 가르쳤단다.

조선총독부는 조선의 토지를 수탈하기 위해 _____ 을 시작했어.

일본인 군인 경찰

조선의 농민 대부분은 제시간까지 토지를 신고하지 못하였어. 조선총독부는 빼앗은 토지를 일본 이주자들에게 헐값에 팔아넘겨.

정답: 조선총독부, 무단통치, 토지 조사 사업

대한 독립 만세!
1919년 3월 1일 그날의 함성

만세! 만세! 대한 독립 만세!

길거리는 온통 만세 소리로 가득했어. 사람들의 가슴속에 맺혀 있던 독립에 대한 열망이 목소리로 물밀듯 터져 나온 거야. 사람들은 자신의 뜻을 담아 태극기를 흔들며 평화적 만세 시위를 벌였지. 전국적으로 일어난 만세 운동은 이후 많은 것들에 영향을 주었단다.

1919년 3월 1일, 어떤 일이 일어났는지 지금부터 함께 추적해 보자.

1919년 1월, 고종이 갑자기 세상을 떠나게 돼. 너무나도 갑작스러운 죽음이었기 때문에 고종이 일본에 의해 독살당했다는 소문이 돌기 시작했어. 전국적으로 독립운동을 일으킬 계획이 있었던 종교단체의 지도자들은 3월 3일로 예정된 고종의 장례식 일자를 피해 거사 일을 3월 1일로 잡았어.

2월 28일 밤, 손병희, 한용운, 이승훈을 비롯한 민족 대표 33인은 한곳에 모여 다음과 같은 약속을 하였어. 3월 1일에 집집마다 독립선언서를 뿌리고 낭독하기로 말이야.

▼ (왼쪽부터) 이승훈, 손병희, 한용운

 3월 1일 오후 2시, 탑골공원은 독립운동을 기다리는 사람들로 가득하였어. 학생들은 민족 대표들을 그곳에서 기다리고 있었지. 그런데 웬일인지 민족 대표들의 모습이 보이질 않아. 민족 대표들은 그 시각 어디 있었을까?

 민족 대표들은 탑골공원 근처 음식점인 태화관에 모여 있었어. 민족 대표 33인은 전 국민이 시위에 참여하는 것으로 독립을 얻을 수는 없다고 생각하였지.

 민족 대표들은 미국의 윌슨 대통령이 제안했던 민족자결주의에 따라 조선도 독립할 수 있을 것이라는 희망을 품었어. 민족자결주의가 뭐냐고?

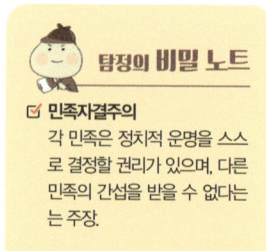

탐정의 비밀 노트

☑ 민족자결주의
각 민족은 정치적 운명을 스스로 결정할 권리가 있으며, 다른 민족의 간섭을 받을 수 없다는 주장.

1차 세계대전은 독일, 오스트리아 등의 패배로 끝이 났어. 미국의 윌슨 대통령은 패전국의 힘을 약화시킬 목적으로 식민지들의 독립을 주장하였지. 식민지 상태에서 해방과 독립을 열망하는 약소국들은 이에 환호하였지. 그래서 그날, 민족 대표들은 여러 우려가 있는 만세운동보다는 독립선언문 낭독을 통해 독립에 대한 의지를 전 세계에 보여 주려 하였던 거야.

그들은 탑골공원으로 함께 가자는 학생을 돌려보내고 태화관에서 독립선언서를 낭독하고 만세를 불렀어.

한편 탑골공원에서 민족 대표들을 기다리던 사람들은 따로 독립선언식을 하게 돼. 단상에 올라간 한 사람이 독립선언서를 낭독하였고 이윽고 여기저기서 만세 소리가 터져 나왔지.

'대한 독립 만세! 대한 독립 만세!' 학생들은 만세를 외치며 행진을 시작하였어. 어린이부터 노인까지 모두 거리로 나와 만세운동에 참여하였지. 이렇게 시작된 3.1운동은 서울에서 시작하여 전국 각지로 번져 나갔어. 만세운동은 1년 동안 계속되었단다.

태극기를 들고 만세를 외치는 우리 민족의 평화적 운동에 대해 일본은 어떻게 대응하였을까? 안타깝게도 일본은 평화적 만세운동을 잔인하게 진압하였단다.

이 과정에서 이화학당 학생이었던 유관순 열사도 목숨을 잃었는데 그때 유관순 열사의 나이는 고작 열여덟이었어.

▶ 유관순 열사
서대문 형무소의 모진 고문에도 불구하고 옥중에서 대한 독립 만세를 끊임없이 외쳤어.

일본의 잔혹성은 여기서 끝나지 않았어. 경기도 화성 제암리에서 일본은 지역 주민들을 교회에 몰아넣고 불을 질렀단다. 그들은 교회를 빠져나온 사람들에게 무차별 사격을 가했고 증거인멸을 위해 교회까지 불태워 버렸어.

결과적으로 3.1만세운동은 우리나라의 독립으로 이어지지 못했어. 그 이유는 무엇일까? 당시 사람들은 만세를 외치며 우리의 독립 의지를 전 세계에 보여 주면 강대국에 외교적인 도움을 받아 독립을 이루어 낼 수 있을 것이라 생각했어. 하지만 그것은 당시의 사정을 모르고 품은 잘못된 희망이었지. 일본을 포함한 1차 세계대전의 승전국들은 그들이 차지한 식

▲ 일제의 만행
불타고 있는 교회를 향해 사격을 가하는 일본군의 모습이 보여.

▲ 만세를 외치는 사람들
일제의 탄압에도 백성들은 모여 대한 독립 만세를 외쳤어.

민지를 독립시킬 생각이 없었어. 민족자결주의는 1차 세계대전의 패전국에만 적용되었지.

그렇다면 3.1운동은 의미가 없는 것일까? 일본으로부터 독립할 수는 없었지만 3.1운동은 많은 것을 변화시켰어. 폭력적으로 억압할수록 더 강하게 저항하는 우리 민족에 일본은 당황하였어. 세계는 평화적인 시위를 총과 칼로 탄압한 일본의 잔혹성을 비판하였지. 결국 일본은 지금까지의 방식으로는 조선을 통치하기 어렵다고 판단하고 조선에 대한 통치방식을 바꾸게 돼.

3.1운동은 우리 민족에게 독립운동의 자신감을 심어 주었고, 이후 있을 독립운동에도 큰 영향을 끼쳤어.

3.1운동 이후 사람들은 독립운동의 구심점이 될 정부가 필요하다고 생각했어. 그래서 중국 상하이에 여러 임시정부를 통합한 대한민국 임시정부가 수립되게 된단다.

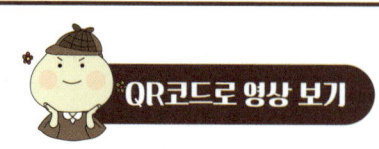

3.1운동은 어떻게 일어났을까? 영상으로 만나 보자.

만두 탐정의 사건 돋보기

✅ **HINT** 유관순 열사, 독립선언서, 대한민국 임시정부, 평화적인 시위

3.1운동의 전개

- 1919년 1월 고종이 갑자기 세상을 떠나게 돼.

- 종교단체의 지도자들과 학생들은 고종의 장례식에 사람이 모일 것을 예상하고 거사 일을 3월 1일로 계획했어.

- 2월 28일 밤, 민족 대표 33인은 3월 1일 독립선언서를 뿌리고 _____ 를 낭독하기로 했어.

- 3월 1일 오후 2시, 민족 대표 33인은 태화관에서 독립선언서를 낭독하고 학생들은 탑골공원에서 만세운동을 벌였어. 만세운동은 전국적으로 퍼졌고 _____ 임에도 일본은 총과 칼로 탄압하였어.

- 아우내 장날이었던 4월 만세운동에 _____ 가 앞장서다 모진 고문으로 결국 목숨을 잃었어.

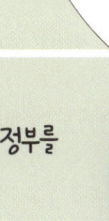

- 3.1운동 이후 사람들은 독립운동의 구심점이 될 정부가 필요하다고 생각하여 중국 상하이에 여러 임시정부를 통합한 _____ 를 수립한단다.

정답: 독립선언서, 유관순 열사, 평화적인 시위, 대한민국 임시정부

 독립군의 위대한 승리

일본의 대토벌 작전으로 국내에서 활동하기 어려워진 의병은 두만강과 압록강을 건너 만주와 연해주 지역으로 이동하였어.

1910년 국권이 피탈된 이후, 의병들은 이름을 독립군으로 바꾸고 낮에는 농사를, 밤에는 군사훈련을 하였지. 독립군은 어렵게 농사지어 얻은 쌀을 팔아 돈을 마련하였어. 그리고 그 돈으로 무기를 사들이며 점차 제대로 된 군대의 면모를 갖추게 되었어.

▲ 독립군

1919년 3월 1일 전국에 만세운동이 울려 퍼지게 되고, 만주에 있던 독립군도 이 소리를 듣게 돼. 때를 기다리던 독립군은 일본과 크고 작은 전투를 벌였는데 문제는 독립군이 일본군처럼 하나의 지휘 체계에서 움직이는 것이 아니라 여러 부대로 나뉘어 전투를 벌였다는 거야. 그래서 독립군 부대들은 일본군에 의해 격파당하고 말았지.

홍범도 장군은 이러한 문제를 해결하고자 일본의 방해에도 불구하고 여러 독립군 부대를 하나의 부대로 통합하였어.

이후 홍범도 장군은 일본군을 봉오동으로 끌어들이기 위하여 일본의 관공서와 일본군을 공격하였어. 독립군의 치고 빠지는 게릴라 전술에 화가 난 일본군은 월강추격대를 파견하여 독립군을 쫓았지. 독립군의 이화일 부대는 삿갓을 뒤집어 놓은 듯한 모양의 봉오동으로 일본군을 유인하였어.

▲ 홍범도 장군
대한독립군 총사령관으로 봉오동 전투를 지휘하여 일본군과의 전투를 승리로 이끌었으며 청산리 전투에도 참여했어.

봉오동은 매복하기에 좋은 지리적 요건을 갖추고 있었지. 일본군이 봉오동 안으로 깊숙이 들어선 순간, 매복해 있던 독립군 연합 부대가 일본군을 포위하고 일제히 사격을 가하였어. 아래에서 공격하는 일본군보다 위에서 포위하고 공격을 하는 독립군이 당연히 전투에 유리했지. 독립군의 공격에 당황한 일본군은 많은 사상자를 낸 채로 퇴각하게 돼.

전투 결과는 어땠을까? 상해 임시정부는 봉오동 전투 결과, 일본군의 사상자가 450여 명 발생한 데 반해 독립군의 사상자는 10여 명에 불과하였다고 발표하였어. 독립군의 완벽한 승리였지.

▲ 김좌진 장군
청산리 전투의 지휘관. 어릴 때 집안의 노비를 모두 해방시킨 유명한 일화가 있어.

▼ 청산리전투 상상화
청산리 전투는 한 번의 전투가 아닌 청산리 일대에서 벌어진 크고 작은 전투를 통틀어 말해.

봉오동 전투의 승리로 사기가 오른 독립군이 활동을 더욱 활발히 전개하자 일본군은 더 큰 규모로 독립군을 공격해 왔어. 김좌진 장군과 홍범도 장군 등이 이끄는 독립군 부대는 청산리에서 지휘부를 통합하고 군대를 재편성하며 연합하였지.

독립군은 청산리 일대에서 일본군을 맞아 6일 동안 10여 차례의 치열한 전투를 펼쳤어. 전투는 싸움에 유리한 지형과 전술을 이용한 독립군의 승리로 끝이 나.

청산리에서의 전투는 독립군이 거둔 가장 큰 승리이기 때문에 청산리 대첩이라고 부른단다.

독립군이 봉오동 전투, 청산리 대첩에서 승리한 비결은?

만두 탐정의 사건 돋보기

봉오동 전투, 청산리 대첩 전술 엿보기

봉오동 전투

✷ 봉오동은 매복하기에 좋은 지리적 요건!

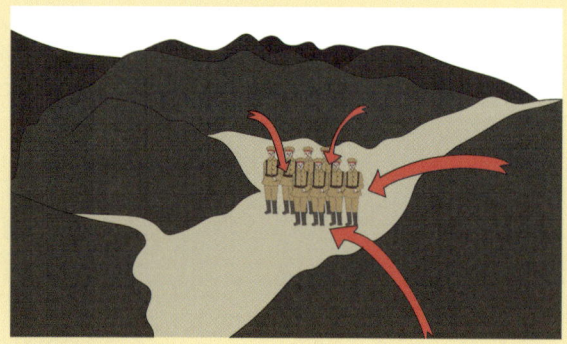

여러 독립군 부대를 하나의 부대로 통합하고, 치고 빠지는 게릴라 전술을 구사하여 일본군을 격파할 것.

청산리 대첩

✷ 싸움에 유리한 지형과 전술을 이용할 것!

김좌진과 홍범도 등이 이끄는 독립군 부대는 청산리에서 지휘부를 통합하고 군대를 재편성하여 연합할 것.

김좌진

홍범도

 나라를 위해 목숨 바친 그들의 이야기

중국 상하이에 수립된 대한민국 임시정부는 '모든 국민은 평등하고 주권이 국민에게 있음'을 밝히고 민주주의 체제를 갖추어 갔어.

대한민국 임시정부는 독립운동의 구심점이 되어 활발히 활동을 전개하였지. 시간이 흘러 임시정부는 독립운동의 방향을 두고 서로 대립하며 분열되었어. 재정 또한 부족해지며 임시정부는 심한 침체기를 맞이하게 되었어.

▲ 김구
임시정부의 주석으로 신민회, 한인애국단 등에서 활발히 활동하였어.

이때, 임시정부의 위기를 돌파하고자 발 벗고 나선 인물이 있었어. 동그란 안경을 쓴 그의 이름은 백범 김구였지. 김구 선생은 비밀리에 한인애국단을 조직하였어.

한인애국단을 조직한 김구 선생에게는 고민이 있었어. 일본군과 비교하여 모든 부분에서 열세였던 독립군이 일본군과 싸워 독립을 쟁취하는 일은 현실적으로 불가능했어. 그렇다면 어떤 방법으로 독립을 할 것인가? 한인애국단은 일본의 주요 인물을 제거하여 일본의 지도 체계를 무너뜨리기로 해. 그들의 첫 번째 목표는 일왕 히로히토였지.

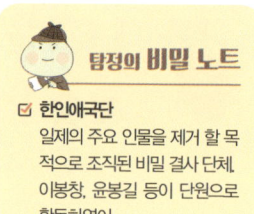

한인애국단
일제의 주요 인물을 제거 할 목적으로 조직된 비밀 결사 단체. 이봉창, 윤봉길 등이 단원으로 활동하였어.

어느 날 한 젊은이가 김구 선생을 찾아왔어. 젊은이의 이름은 이봉창이었어. 이봉창 의사는 김구 선생님에게 "인생의 목적이 쾌락이라면 31년 동안 대강 맛보았습니다. 그러니 이제는 영원한 즐거움을 얻기 위하여 독립운동에 몸을 던지고자 상해에 왔습니다"라고 말하였지.

그리고 거사 당일 이봉창

▶ **이봉창 의사**
스스로 작성한 선언문을 목에 걸고 거사에 쓰일 폭탄을 두 손에 든 이봉창 의사의 모습이야.

의사는 기념사진을 찍었어. 이봉창 의사의 얼굴에서 두려움이 느껴지니? 우리는 오직 나라를 위해 몸 바친 한 청년의 숭고한 미소만을 사진에서 볼 수 있어.

일본으로 간 이봉창 의사는 현재의 경찰청을 지나가는 일왕을 향해 폭탄을 던졌어. 하지만 일왕은 별다른 피해를 입지 않았지. 폭탄의 위력이 약했기 때문이야.

하지만 일본은 자신들의 수도인 도쿄에서 그들이 신성시하는 일왕을 향해 조선인 청년이 폭탄을 던졌다는 사실에 큰 충격을 받게 돼. 일본의 높은 관리들 모두가 이 사건의 책임을 지고 관직에서 내려와야 했지.

의거 후 일본 경찰에 붙잡힌 이봉창 의사는 일본 법원에서 사형을 선고받았고 이봉창 의사는 서른두 살의 젊은 나이로 순국하게 돼.

이봉창 의사의 의거를 듣고 이번에는 윤봉길이라는 청년이 김구 선생을 찾아왔어. 그는 김구 선생에게 일왕의 생일과 전쟁 승리를 축하하기 위해 일본이 여는 기념식에서 의거를 하고 싶다는 뜻을 밝혔어. 기념식에 참석하기 위해서는 도시락과 물통을 준비해야 했어. 그래서 윤봉길 의사는 도시락과 물통 모양의 폭탄을 준비하고 기념식이 열리는 상하이 홍커우 공원으로 향했단다.

김구 선생과 윤봉길 의사가 의거 날 아침 나누었던 이야기는 다음과 같이 『백범일지』에 적혀 있어. "윤군은 나에게 자기 시계를 꺼내 주며 '이 시계는 6원에 주고 산 시계인데 선생님 시계는 2원짜리니 저와 시계를 바

▶ **윤봉길 의사**
중국의 정치인 장제스는 윤봉길의 의거를 칭찬하며 임시정부를 적극적으로 지원하게 돼.

꿉시다. 제 시계는 앞으로 한 시간밖에는 쓸 수 없습니다'라고 하였다. 나는 목이 멘 소리로 '후에 지하에서 다시 만납시다'라고 말하였다."

기념식은 일본군의 삼엄한 경계 속에서 시작되었어. 윤봉길 의사는 틈을 노려 일본군의 경계를 돌파한 후, 준비한 물통 폭탄을 단상을 향해 던졌지. 폭탄은 단상으로 정확하게 떨어졌고 단상에 있던 일본의 높은 관리들이 죽거나 다치게 되었어.

윤봉길 의사는 남은 도시락 폭탄으로 자결을 하려 하였으나 일본군에 붙잡혀 그 뜻을 이루지 못하였어. 윤봉길 의사는 가혹한 고문 끝에 결국 사형을 선고받게 돼. 당시 그의 나이 스물다섯 살이었지.

이봉창 의사와 윤봉길 의사의 의거는 침체기에 빠졌던 임시정부의 독립운동에 활력을 불어넣었어. 일본의 주요 인물들을 향한 공격에 화가 난 일본군은 한인애국단을 이끌었던 김구 선생님에게 엄청난 금액의 현상금

▲ **대한민국 임시정부 사람들**
1열 왼쪽 세 번째에 김구, 2열 왼쪽 일곱 번째에 이승만, 2열 왼쪽 열한 번째에 안창호의 모습이 보여.

을 걸었어.

일본의 감시를 피해 대한민국 임시정부는 중국 여러 도시를 옮겨 다니며 독립운동을 이끌었어. 임시정부는 여러 지역의 독립군을 모아 한국광복군을 창설하기도 하였단다.

 QR코드로 영상 보기

영상으로 대한민국 임시정부에 대해 알아볼까?

271

만두 탐정의 사건 돋보기

✅ **HINT** 윤봉길, 이봉창, 한인애국단

세 사람과의 인터뷰

나, 김구. 대한민국의 독립을 위하여 _____ 을 조직했소. 한인애국단은 일본의 주요 인물을 제거하여 일본의 지도 체계를 무너뜨리는 게 목적이오. 어느 날 이봉창과 윤봉길이라는 젊은이가 나를 찾아왔지. 그리고 나와 함께 뜻을 같이했다오.

안녕하시오. 나는 _____ 이라고 하오. 일본에서 나는 현재의 경찰청을 지나가는 일왕을 향해 폭탄을 던졌소. 아쉽게도 폭탄의 위력이 약해 일왕에게 별다른 피해를 입히지 못하였지. 나의 의거가 꺼져가던 독립운동에 불씨를 밝혔다고 하더군.

나 _____ 은 도시락과 물통 모양의 폭탄을 준비하고 상하이 훙커우 공원 단상에 폭탄을 던져 일본의 높은 관리들을 죽이거나 다치게 했어. 나의 의거로 전 세계는 대한민국의 독립 의지를 확인할 수 있었다더군. 장제스는 대한민국 임시정부가 중국에서 활동을 할 수 있도록 지원했다고 해.

정답: 한인애국단, 이봉창, 윤봉길

민족의 정체성을 지키려는 자 vs 말살하려는 자

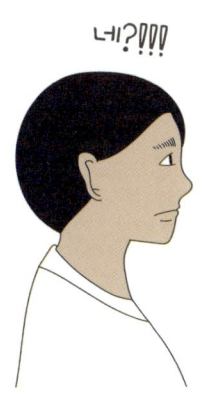

일본은 3.1운동 이후 통치 방식을 변경하였어. 조선에 새로 부임한 조선총독은 일본에 똘똘 뭉쳐 대항하는 조선 사람들을 분열시키려 하였지. 그래서 그는 조선 사람들을 회유하여 친일파를 길러내었단다. 그리고 이간질을 하여 조선 사람들끼리 서로 싸우게 하였어. 1920년대, 비열하고 교묘한 수로 조선 사람들을 다루려 한 조선총독부의 통치방식을 문화통치라 한단다.

1930년대에 이르러 일본은 중국과 미국을 상대로 전쟁을 연이어 일으키게 돼. 전쟁을 치르며 인력이 부족해진 일본은 어떤 방법을 취하였을까? 일본은 조선인들을 강제로 전쟁

에 동원하기 시작했어. 일본의 협박과 강요에 어쩔 수 없이 전쟁에 동원되었다 하더라도 조선인들이 일본을 위해 전쟁에서 열심히 싸웠을까? 그렇지 않았을 거야. 일본도 그 사실을 알고 있었어. 그래서 일본은 고민 끝에 통치방식에 변화를 줘. 1930년 이후 일본은 민족말살통치를 실시하게 돼. 통치의 목표는 우리의 민족정신을 없애 버리는 것이었지.

우리의 정체성을 빼앗기 위해 일본은 다양한 방법을 꺼내 들었어. 우선 조선 사람들에게 이름을 일본식으로 바꾸라고 명하였어. 이를 창씨개명이라고 해. 갑자기 이름을 왜 바꾸라고 하였을까?

이름은 나의 뿌리가 어디인지를 알려줘. 나와 가족의 정체성을 담고 있는 셈이지. 그런 이름을 바꾼다는 것은 민족의 정체성을 잃게 하는 것이었어. 창씨개명을 거부한 사람들도 있었으나 취학이나 진학 등에 불이익이 따르자 어쩔 수 없이 모두가 창씨개명을 하게 되었지.

일본은 우리 민족의 정체성과 뿌리를 알려주는 우리의 역사 또한 배우지 못하게 하였어. 그 대신 신사를 곳곳에 세워 그들의 왕인 일왕이나 일본의 조상에게 강제로 참배

▼ 신사참배

하게 하였지.

여기서 멈추지 않고 일본은 우리 민족의 정신이 담긴 우리의 말도 없애 버리려 하였지. 학교에서 조선인 학생들은 우리말을 사용하지 못하고 일본어만 사용해야 했단다. 우리 민족을 일본인으로 완전히 변화시키려 했던 거야.

일본의 민족말살통치에 우리 조상들은 어떻게 대응하였을까?

조선어학회는 우리 말과 글을 지키기 위해 우리말을 모으는 노력을 하였어. 일본에 의해 모든 자료가 압수되고 학회가 강제 해산되는 시련도 있었지만 기나긴 노력 끝에 조선어학회는 광복 후 우리말 사전을 편찬할 수 있었지.

신채호는 일본이 그들의 침략 행위를 합리화하고 정당화하기 위해 왜곡한 우리나라 역사를 바로 세우기 위해 우리 역사를 연구했어. 그리고 연구한 것을 바탕으로 역사책을 썼지. 우리 민족의 자주성을 담은 신채호의 책은 우리 민족에 큰 자긍심을 심어 주었단다.

 되풀이되어서는 안 될 우리 민족의 아픈 역사

일본의 하시마섬은 그 모양이 일본 군함의 모양을 닮아 군함도라는 이름으로 불렸어. 무인도였던 하시마섬은 석탄이 발견되면서 주목을 받게 돼. 하시마섬에 일본 최초의 철근 아파트까지 지어졌지. 그렇게 일본에서 하시마섬은 근대화의 상징이 되었어.

하지만 당시 조선인들에게 하시마섬은 화려하고 아름다운 곳이 아니었어. 그들에게 하시마섬은 지옥도였지. 우리의 땅이 아닌 일본의 섬 하시마에서 우리 조상들은 어떤 일을 겪었던 걸까? 그들은 왜 하시마섬을 지옥도라고 부른 것일까?

1930년대 전쟁을 확대한 일본은 전쟁에 필요한 자원을 충당하려고 하였어. 그래서 실시한 것이 국가 총동원령이었지. 이에 따라 일본은 필요한 자원을 조선에서 마구잡이로 가져갔어. 무기를 만들기 위해 호미, 수저, 놋그릇 등 온갖 쇠붙이를 가져갔어. 물건만 가져간 것이 아니야. 사람도 강제로 데려갔지. 조선인들은 영문도 모른 채 섬에서 고된 노동을 해야만 했어.

석탄을 캐기 위하여 조선인들은 해저 1km 아래 갱도 속으로 들어가

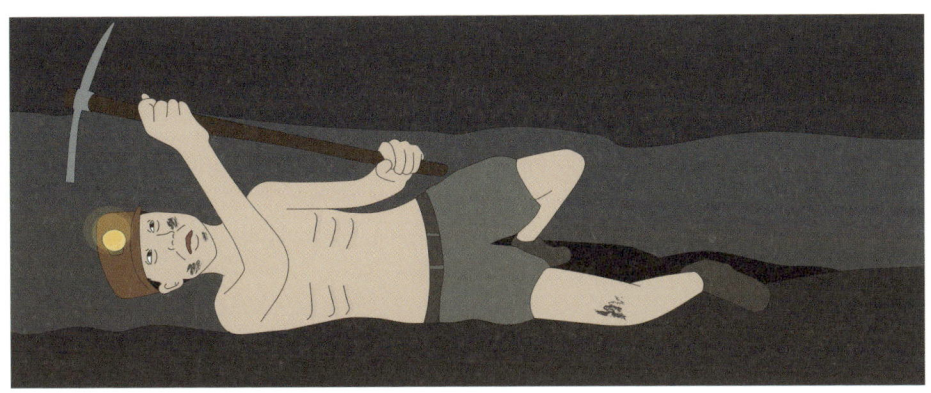
▲ 하시마섬에서 노역하는 조선인 노동자

야 했어. 갱도 안은 너무 좁아 허리를 펴고 일할 수도 없었지. 가스가 폭발하거나 천장이 무너져서 죽는 일도 많이 생겼단다.

열악하고 위험한 환경에서 강제로 일을 했던 그들에게 일본은 최소한의 식사라도 제대로 제공하였을까? 아니야, 그들이 먹는 식사는 늘 부실했고 심지어 그날 해야 할 일을 다 하지 못하면 식사조차 할 수 없었단다.

그럼 지옥과 다를 바 없는 하시마섬을 탈출하면 되지 않았을까? 아쉽게도 하시마섬 주변의 거센 파도 때문에 그조차 쉽지 않았어. 혹여 탈출에 성공한다 하더라도 일본군에 의해 다시 붙잡혀 매질을 당했지. 하시마섬 이외 다른 일본의 군사 시설에서도 조선인들은 강제로 동원되어 쉴 새 없이 일하였어.

우리의 안타깝고 아픈 역사는 여기에 그치지 않았단다. 일본은 조선인 여자들을 강제로 데려가 일본의 노리갯감으로 만들었어. 일본은 패망 후 그들이 저지른 일을 은폐하고자 일본군 위안부들을 한곳에 모이게 하여 죽이기까지 하였지.

이와 관련된 자료가 최근 공개되자 일본은 형식적인 사과를 하였어. 하지만 피해자들에게 진정한 사과는 끝내 하지 않고 있지. 우리나라는 일본군 위안부 피해자를 기리고 올바른 역사 인식을 확립하기 위해 일본대사관을 포함한 여러 장소에 평화의 소녀상을 세웠단다.

35년의 일제강점기 동안 일본은 우리 민족의 인권을 철저히 짓밟았어. 그러나 우리 민족은 독립에 대한 희망을 내려놓지 않았지. 그리고 마침내 우리 민족이 기다리던 그날이 왔어.

▶ **평화의 소녀상**
평화의 소녀상 옆 빈 의자는 피해 할머니들의 고통을 공감하자는 의미를 담고 있다 해.

만두 탐정의 사건 돋보기

✓ **HINT** 민족말살통치, 일본어, 민족정신, 신채호, 창씨개명, 강제로 참배

일본의 지배에 대항한 우리 민족들

조선인들을 전쟁에 동원하기 위해 1930년대부터 _____를 실시했지. 조선인들의 _____을 없애겠대!

민족의 정체성을 빼앗기 위한 방법들

네?!!! 이제부터 조선 이름은 버리고 요시다로 살아라!

일본식으로 이름을 바꾸는

 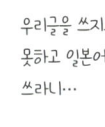
치욕스럽구나...

일왕이나 일본 조상에게

우리글을 쓰지도 못하고 일본어만 쓰라니...

학교에서 _____만 사용

민족의 정체성을 지키기 위한 방법들

조선어학회
우리 말과 글을 지키기 위해 우리말을 모으는 노력을 했어.

우리나라 역사를 바로 세우기 위해 우리 역사를 연구하여 역사책을 썼어.

철저히 짓밟힌 인권

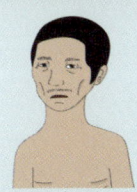
일본의 군사 시설에서 조선인들은 강제로 동원돼 쉴 새 없이 일하였어.

현재 우리나라는 일본군 위안부 피해자를 기리고 올바른 역사 인식을 확립하기 위해 여러 장소에 평화의 소녀상을 세웠어.

정답: 민족말살통치, 민족정신, 창씨개명, 강제로 참배, 일본어, 신채호

7부

광복 그 이후, 대한민국의 비밀을 풀다!

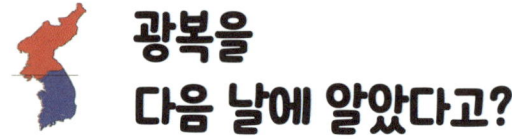
광복을 다음 날에 알았다고?

태평양전쟁에서 일본은 미국에 패배를 거듭하며 벼랑길에 몰리게 돼. 일본의 패망이 다가오며 독립운동가들은 광복 이후의 나라를 고민했어. 미군을 포함한 연합국에 끝까지 버티던 일본은 히로시마와 나가사키에 원자 폭탄이 떨어지자 결국 항복하였어.

1945년 8월 15일, 우리나라는 기다리고 기다리던 광복을 맞이하게 돼. 일왕의 항복 선언이 라디오를 통해 전국 곳곳으로 전해졌지. 그러나 사람들은 변화한 상황을 이해하지 못하였어.

8월 16일이 되어 서대문 형무소의 독립운동가들이 풀려나자 그제야 우리나라 사람들은 기뻐하며 거리로 뛰쳐나와 만세를 불렀단다.

일본의 패망 소식에 조선에 거주하던 일본인들은 당황하였어. 그들은 조선인의 재산을 수탈해서 불린 그들의 재산을 챙겨 일본으로 돌아가려 하였어. 하지만 그들의 이러한 시도는 분노한 우리나라 사람들에 의해 저지당하였단다. 우리 민족을 착취하여 얻은 재산을 일본인이 쉽게 가져가는 것은 우리나라 사람들에게 허용할 수 없는 일이었어.

▲ 광복을 기뻐하는 사람들
광복 하루 뒤인 8월 16일, 석방된 독립운동가들이 만세를 부르며 거리를 행진하고 있어.

 일제강점기 우리 민족을 탄압한 일본인과 조선총독부를 포함한 일본 공공기관에 대한 보복도 이어졌어. 일본인 교사들은 학교에서 쫓겨났고 우리 민족에게 신사참배를 강요하던 일본의 신사는 즉시 불태워졌지.

 이러한 상황에서 당시 사람들에 인기가 많던 독립운동가 여운형은 조선 건국준비위원회를 결성하여 국내의 질서를 유지하는 데 큰 역할을 하였어.

 한편, 나라 밖에서는 일본군의 무장 해제를 위해 북쪽에는 소련군이, 남쪽에는 미군이 한반도로 들어오고 있었어. 1948년 남한과 북한의 정부

▶ **38선 앞 사람들**
미국과 소련 진영의 방향이 표지판에 표시되어 있어. 처음에는 임시로 정한 선이었기 때문에 자유롭게 왕래할 수 있었단다.

가 수립될 때까지 한반도의 북쪽은 소련군이, 한반도의 남쪽은 미군이 통치하게 되었는데 이를 군인들이 통치한 시기라 하여 군정이라고 해.

1945년 9월 미군이 남한 지역에 들어서자 미군을 환영하기 위한 사람들로 거리는 가득했어. 조선총독부의 일장기가 내려가고 미국의 성조기가 게양되며 남한 지역에서 미군정이 시작되었지.

미군정은 남한 지역에서 미군정을 제외한 어떠한 정부도 인정하지 않았어. 이에 따라 여운형이 수립한 정부는 해체되었고 일제강점기 우리나라의 독립운동을 이끌던 임시정부의 김구 선생도 임시정부의 지도자가 아닌 개인 자격으로 한반도로 돌아와야 했어.

우리나라가 광복을 맞이한 후 국외에 살던 우리 동포들도 한반도로 돌아올 수 있었어. 후에 대한민국 초대 대통령으로 뽑힌 이승만 박사도 이때 미국에서 한반도로 돌아왔단다.

만두 탐정의 사건 돋보기

1. 기다리던 8.15광복

대한TV

1945년 8월 15일 우리나라는 기다리고 기다리던 광복을 맞이하게 되었습니다. 거리는 기뻐하여 만세를 부르는 사람들의 목소리로 가득 차고 일본인 교사들은 학교에서 쫓겨났습니다. 우리 민족에게 신사참배를 강요하던 일본의 신사는 즉시 불태워졌다고 합니다.

2. 광복 그 이후에…

❶ 나, 독립운동가 여운형. 조선 건국준비위원회를 결성하여 광복 후 새로운 조선을 맞을 준비를 해야겠어.

❷ 잠깬 갓 광복했으니 혼란스럽지 않소? 우리가 대신 통치해 주겠소.

북쪽은 소련군이 / 38도선 / 남쪽은 미군이

❸ 미군정은 남한 지역에서 미군정을 제외한 어떠한 정부도 인정하지 않았어. 이에 따라 여운형이 수립한 정부는 해체하게 되었고 임시정부 관련자는 모두 개인 자격으로 귀국해야 했어.

분단의 시작

1945년 12월, 미국, 소련, 영국은 러시아의 모스크바에 모여 한반도의 문제를 어떻게 처리할지 회의를 하였어. 이를 모스크바 3국 외상 회의라고 해. 한반도에 임시정부를 수립하고 신탁통치를 실시한다는 내용이 회의에서 결정되었어.

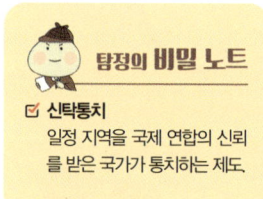

탐정의 비밀 노트
☑ 신탁통치
일정 지역을 국제 연합의 신뢰를 받은 국가가 통치하는 제도.

이 소식에 나라는 신탁통치를 찬성하는 사람과 반대하는 사람으로 갈라지게 되었지. 미국과 소련 두 나라는 한반도 문제를 빠르게 매듭짓고 한반도 문제에서 발을 빼기를 원하였어. 이를 위해 두 나라 모두가 만족하는 방향으로 임시정부가 한반도에 수립되어야 했지. 하지만 두 나라가 원하는 방향은 각기 달랐어.

소련은 임시정부 수립 시, 신탁통치에 반대하는 사람은 제외해야 한다고 주장하였고 미국은 신탁통치를 반대했다는 이유만으로 임시정부 구성에 제외될 수 없다고 주장하였지. 미국의 이러한 결정 뒤에는 이승만 박사가 있었어. 당시 이승만 박사는 김구 선생과 함께 신탁통치를 반대하였어.

미국은 친미 성향인 이승만 박사가 임시정부 구성에서 빠지는 것을 원치 않았어.

이러한 이유로 미국과 소련이 합의점에 이르지 못하자 미국은 한반도의 처리 문제를 국제 연합(UN)에 맡겼어. 국제 연합은 남북한 총선거로 한반도에 통일 정부를 수립하는 것을 결정하고 이에 따라 한국 임시위원단을 한국으로 보냈지.

국제 연합(UN) 한국 임시위원단의 역할은 한반도 전 지역에서 이루어지는 선거를 관리 및 감독하는 것이었어. 하지만 여기서 문제가 발생해. 인구 비례에 따른 선거를 치르라고 한 국제 연합(UN)의 결정을 소련이 받아들이지 않은 거야. 왜 이런 일이 일어났을까?

국회의원의 수는 그 지역 인구수에 따라 정해졌어. 그럼 어떤 지역이 유리하였을까? 맞아 인구가 많은 지역이 유리하였어. 당시 인구수는 남쪽 지역이 북쪽 지역보다 많았고 이에 따라 남쪽 지역이 북쪽 지역보다 국회의원을 많이 배출할 수 있었지. 소련은 이러한 선거 방식이 자신들에게 불리하다고 생각하고 국제 연합(UN) 위원단이 38선 이북 지역으로 들어오는 것을 막았어.

국제 연합(UN)은 다시 소총회를 열고 위원단의 접근이 가능한 지역에서 선거를 치를 것을 결정해. 국제 연합(UN) 소총회가 내린 결정은 무엇을 뜻했을까? 위원단이 38도 이북 지역으로 가는 것을 소련이 막았다고 했지? 즉 위원단이 접근할 수 있는 곳은 38도 이남 지역밖에 없었는데 그것은

▲ 5.10총선거 포스터
선거를 독려하기 위해 제작된 포스터.

곧 남한만의 단독 선거를 의미하였어.

한반도가 통일 정부가 아닌 남과 북으로 나뉜 정부로 수립될 위기에 빠지게 된 거지.

김구 선생은 김규식과 함께 남한만의 단독 선거를 강력하게 반대하며 민족의 분단을 막고자 38도선을 넘어 평양에서 북측 지도자들과 협상까지 하였어. 하지만 당시의 흐름을 바꿀 수는 없었단다.

1948년 5월 10일, 대한민국 첫 국회의원을 뽑는 선거가 남한 지역에서 실시되었어. 왕이 통치하는 시기와 일본에 지배받던 시기를 지나 우리나라는 처음으로 국민이 나라의 주인인 민주주의 국가를 경험하게 된 거야. 만 21세 이상이라면 지위나 성별 등 그 어떤 것에도 차별받지 않고 모두가 동등하게 투표를 할 수 있게 되었어.

당시 투표지에는 후보자의 이름 밑에 막대기를 표시해 두었는데 그 이유는 글자를 읽지 못하는 사람이 당시에 많았기 때문이야.

광복 후 첫 번째 선거는 95.5%라는 놀라운 투표율로 끝이 났고 이 투표로 대한민국 최초의 국회의원들이 선출되었지.

선출된 의원들은 1948년 7월 17일에 대한민국의 헌법을 공식적으로

▶ 길게 늘어선 투표 줄
5.10총선거는 대한민국 역사상 처음으로 이루어진 민주적인 선거야.

발표하였어. 헌법을 제정하였다고 하여 이때의 국회의원들을 제헌 국회의원이라고 불러.

헌법도 정해졌으니 이제 국정을 운영할 나라의 책임자를 정해야겠지? 당시 대통령 선출 방식은 오늘날과 달랐어. 전 국민의 투표로 선출되는 오늘날과 달리 당시에는 국회의원들의 투표로 대통령이 선출되었는데 이를 간선제라고 해.

제헌 국회의원의 선거를 통해 이승만 박사가 초대 대통령으로 선출되었고, 광복 3주년을 맞는 1948년 8월 15일에 대한민국 정부가 수립되었어. 대한민국은 대한민국 임시정부의 법통을 계승하였어. 이 내용은 헌법에 명시되어 있지.

1948년 9월 9일, 북한은 대한민국 정부 수립을 기다렸다는 듯이 조선

민주주의 인민 공화국을 수립하였어. 이로써 한반도에는 완벽히 다른 정부가 남과 북에 각기 들어서게 돼.

　민족의 비극은 여기서 끝이 아니었어. 민족 분단은 더 큰 문제를 가져오게 된단다. 우리 민족 간의 전쟁이 시작된 거야.

만두 탐정의 사건 돋보기

신탁통치와 대한민국 정부 수립

1945년 12월
모스크바 3국 외상 회의에서 신탁통치를 실시하는 내용이 결정되었어.

임시정부의 조직 방법을 두고 미소공동위원회가 열렸어. 소련은 신탁통치에 반대하는 사람을 제외하고 임시정부를 수립, 미국은 그럴 수 없다는 입장이었어.

미국은 한반도의 처리 문제를 국제 연합(UN)에 맡겼어. 처음 UN은 한반도에 통일 정부를 수립하려고 하였으나 소련의 반대에 부딪히고, 한반도는 남과 북으로 나뉠 위기에 빠지게 되었어.

1948년 5월 10일
김구 선생은 통일 정부 수립을 위해 노력했지만 결국 대한민국 첫 국회의원을 뽑는 선거가 남한 지역에서만 실시되었어.

1948년 7월 17일
국회의원들은 대한민국의 헌법을 공식적으로 발표하고, 이승만 박사가 초대 대통령으로 선출되었어.

1948년 8월 15일
대한민국 정부가 수립되고 곧 조선민주주의 인민 공화국이 수립돼. 이로써 한반도는 남과 북으로 갈라지게 되지.

무엇을 위해 싸우는가?
동족상잔의 비극

우리 민족은 일제강점기에 똘똘 뭉쳐 민족의 원수인 일본을 상대하였어. 그러나 민족 모두가 기다리던 광복을 맞이한 후, 우리 민족은 둘로 갈라지게 되었지. 오랜 기간 같은 생활권에서 같은 문화를 누리며 살아왔던 우리 민족은 미국과 소련에 의해 일순간에 분할되었단다. 일본을 향해 함께 겨누던 총부리는 어느새 서로에게 겨누어져 있었지.

1950년 6월 25일 새벽 4시, 민족 최대의 비극이 시작되었어. 북한은 38도선 전역에서 무차별적인 공격을 시작하였어. 북한의 남침으로 한반도에서 전쟁이 발발한 거야. 한국에서 일어난 전쟁이라 하여 한국전쟁이라고 불리는 이 전쟁은 6월 25일에 일어나 6.25전쟁이라고도 불려.

소련에 군사적 지원을 받은 북한의 전력은 모든 면에서 남한을 압도하였어. 군사 수와 무기에서 열세를 보이던 남한은 북한의 갑작스러운 공격으로 급격하게 밀리게 되었지.

북한군이 서울로 들어오자 황급히 피란길에 나선 사람들은 한강 다리

▲ 피란길의 사람들

앞에서 멈춰서 버렸어. 국군이 북한의 진격을 늦추기 위하여 한강 다리를 폭파한 거야.

이 과정에서 다리를 건너던 많은 민간인이 희생되었고 다리를 건너지 못한 사람들은 북한군을 마주해야만 했어. 북한의 남한 침략에 미국은 신속하게 대응했단다.

6.25전쟁이 발발한 다음 날인 1950년 6월 26일, 미국은 UN 안전 보장 이사회를 소집하였어. 회의 결과 미군을 중심으로 한 UN군이 한국전쟁에 참여하게 되지.

하지만 UN군의 참전도 북한군의 진격을 멈추지는 못하였어. 파죽지세로 밀고 들어오는 북한군에 밀려 국군과 UN군은 낙동강 방위선까지 밀리게 돼. 낙동강 방위선은 국군의 최후 방위선이었어. 북한에 나라를 완전히 빼앗길 위기에 직면한 거야.

급박하게 진행되는 상황에 일반인은 물론 학도병이라고 불리는 학생들까지 전쟁에 참여하였어. 이러한 노력에 힘입어 국군과 UN군은 북한군의 공격을 필사적으로 막아 내 방어선을 끝까지 지켜낼 수 있었단다. 방어에 성공한 국군과 UN군은 전세를 역전시키기 위한 반격을 시도하였지.

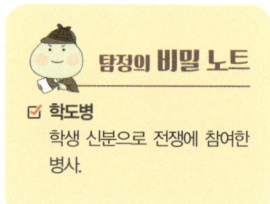

학도병
학생 신분으로 전쟁에 참여한 병사.

UN군의 총사령관 맥아더는 북한의 보급선을 끊기 위해 인천으로 군대를 상륙시키려 했어. 하지만 여기에는 큰 문제가 있었지.

◀ **인천 상륙 작전**
맥아더 장군이 작전 지휘 중이야.

그건 인천으로 들어가는 수로가 좁아 많은 배들이 한 번에 들어가기 어렵다는 것이었어. 그리고 이보다 더 큰 문제가 있었는데 그건 인천 앞바다가 조수간만의 차가 크다는 것이었어. 갯벌에 가 본 적 있니? 썰물이 되면 갯벌이 넓게 형성돼. 갯벌이 되면 발이 빠져 이동하기가 쉽지 않지.

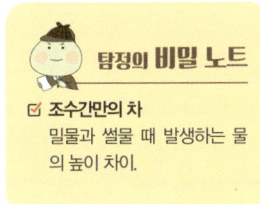

탐정의 비밀 노트

☑ **조수간만의 차**
밀물과 썰물 때 발생하는 물의 높이 차이.

이러한 상황을 맞닥뜨리지 않기 위해 국군과 UN군은 병사와 탱크를 썰물이 시작되기 전에 신속히 이동시켜야 했어. 상당히 위험한 작전이었지만 연합군은 작전을 성공시킨단다. 이 작전이 그 유명한 인천상륙작전이었어.

기세를 몰아 국군과 UN군은 서울을 되찾게 돼. 인천상륙작전으로 보급로가 차단된 북한군은 급격하게 힘을 잃게 되었어. 국군과 UN군은 남한 전 지역을 되찾았고 북쪽으로 밀고 올라갔지.

눈앞에 다가온 한반도 통일, 하지만 그때 중국군이 전쟁에 참여하게 돼. 그들은 자신들의 국경까지 밀고 들어온 UN군에 위기감을 느끼고 북한에 대규모의 지원군을 파견했던 거야.

전쟁 경험이 많은 중국군은 낮에는 땅굴을 파서 숨고, 저녁에는 꽹과리를 치며 위협적으로 전진했지. 어둠이 내려앉아 아무것도 보이지 않을 때, 중국군은 사방에서 꽹과리를 쳤어. 상대의 공포를 조장하는 일종의 심리전을 펼친 거야. 그리고 그들은 특정 지역을 집중적으로 공격하였는데 그 모습이 마치 '파도가 밀려오는 것 같다' 하여 당시 중국군의 전술을 인해

▲ 무너져내린 건물
아무것도 남지 않은 건물 앞에서 사람들이 절망하고 있어.

(人海)전술이라고 불렀단다.

물밀듯이 밀려드는 중국군의 공격으로 국군과 UN군은 다시 서울을 빼앗기게 돼. 이를 1.4후퇴라고 한단다. 그 이상 물러설 수 없었던 국군과 UN군도 필사적으로 중국군에 맞서 싸웠어. 국군과 연합군은 전열을 정비하여 재반격을 가했고 다시 서울을 수복할 수 있었지.

이후 38도선 부근에서 국군과 북한군은 일진일퇴의 싸움을 계속하다 1951년 7월 휴전 협상에 들어가게 돼.

이제 전쟁이 끝난 것일까? 아쉽게도 회담이 오고 가는 동안 전투는 38

▲ 정전 협정
1951년 7월에 시작된 휴전 협상은 1953년 7월까지 무려 2년간이나 이어졌어. 500여 차례의 회담이 오고 갔다고 해.

도선 인근에서 끊이지 않고 일어났지. 조금이라도 더 넓은 영토를 차지하기 위해 양측은 회담 중에도 총을 내려놓지 않았던 거야. 총탄이 비 오듯이 쏟아졌고 너무나 많은 사람들이 이 기간에 희생되었어.

그러던 중 무서울 정도의 침묵이 전장을 감싸게 돼. 정전 협상이 드디어 체결된 거야. 한반도에 휴전선이 그어지며 전쟁은 드디어 끝이 나게 되었단다.

전쟁은 우리에게 어떤 상처를 남겼을까?

6.25전쟁이 남긴 상처

전쟁의 결과는 참혹했어. 남북한 양측의 군인뿐 아니라 민간인들의 피해도 컸어. 북한군은 반동분자라는 명목으로 민간인들을 학살하기도 하였지. 전쟁으로 땅은 황폐해졌고 도로와 건물은 파괴되었어.

헤어진 가족을 찾는 이산가족과 부모를 잃은 고아들도 많았단다. 피란민들은 그들의 재산을 모두 잃고 아무런 연고도 없는 땅에서 새로운 삶

◀ **피란을 떠나는 사람들**
당시 50만이 채 안 되었던 부산의 인구는 전국 각지에서 전쟁을 피해 몰려든 사람들로 인해 100만을 넘게 돼.

을 다시 시작해야만 했어. 난리 통에 정신없이 고향을 떠난 피란민들은 대통령이 있는 부산으로 몰려들었어. 전국의 피란민들이 부산을 대표하는 영도 다리에서 그들의 가족을 찾았지.

민족 간의 전쟁은 우리 민족에게 씻을 수 없는 큰 상처를 남겼어. 남과 북은 전쟁으로 서로를 미워하고 등지게 되었지. 전쟁이 휩쓸고 간 한반도 땅에는 아무것도 남아 있지 않았어.

하지만 그러한 상황에도 우리 민족은 포기하지 않았어. 사람들은 슬픔을 이겨 내며 새로운 삶을 살기 시작하였고 척박한 땅에 점차 희망이 싹트기 시작하였어. 사람들은 비탈에 판잣집을 짓고 아이를 천막학교에 보내 공부도 시켰어.

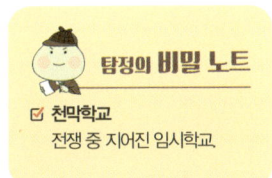

탐정의 비밀 노트
☑ 천막학교
전쟁 중 지어진 임시학교.

6.25전쟁 직후 대한민국은 전 세계에서 가장 못 사는 국가 중 하나였어. 그러나 포기를 모르는 민족성을 바탕으로 대한민국은 점차 다시 도약의 발걸음을 딛게 돼.

만두 탐정의 사건 돋보기

6.25전쟁 과정

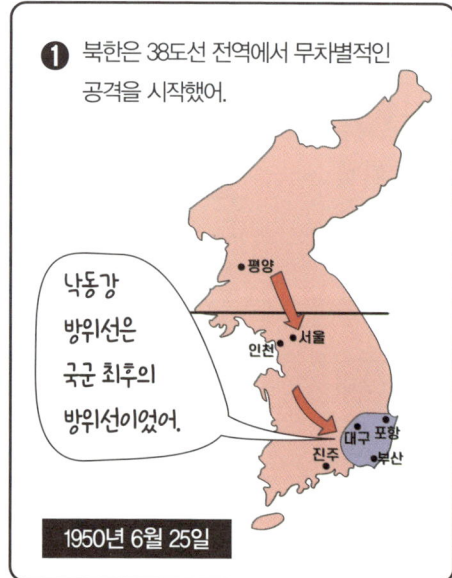

❶ 북한은 38도선 전역에서 무차별적인 공격을 시작했어.

낙동강 방위선은 국군 최후의 방위선이었어.

1950년 6월 25일

❷ 국군과 UN군은 서울을 되찾고 북쪽으로 밀고 올라갔어.

맥아더 장군이 인천상륙작전을 성공시켰다.

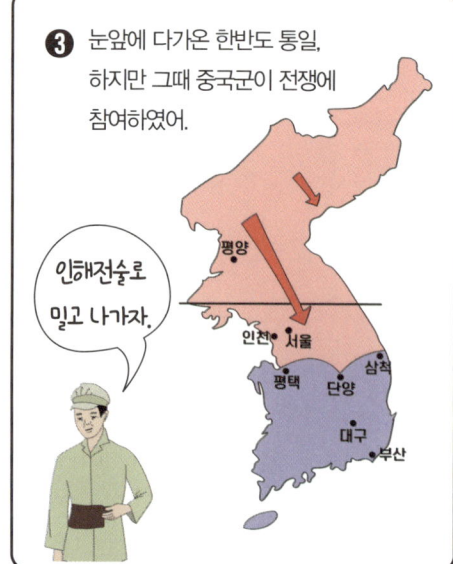

❸ 눈앞에 다가온 한반도 통일, 하지만 그때 중국군이 전쟁에 참여하였어.

인해전술로 밀고 나가자.

❹ 1953년 7월 27일

한반도에 휴전선이 그어지며 전쟁은 끝이 나게 되지.

STOP THE WAR

우리나라 최초의 민주화운동

대한민국의 초대 대통령선거는 간접선거 방식으로 치러졌어. 오늘날과 같이 대통령을 국민의 투표로 선출하는 방식을 직접선거, 대통령을 국회의원의 투표로 선출하는 방식을 간접선거라고 해. 투표 결과 이승만 박사가 대한민국의 초대 대통령이 돼.

▲ 이승만 대통령

국회의원의 임기는 본래 4년이나 제헌 국회의원들의 임기는 2년이었어. 그래서 1948년 5월 10일 총선거 이후 2년이 지난 1950년 5월 30일에 제2회 국회의원 선거가 이루어졌단다.

2회 선거에서는 1회 선거와 다르게 이승만 대통령이 속한 정당의 의원이 많이 뽑히지 않게 돼. 이 결과는 대통령선거에 어떤 영향을 미쳤을까?

대통령은 국회의원들의 투표로 선출된다고 하였지? 이승만 대통령이 속한 정당에서 국회의원이 많이 배출되지 못함에 따라 이승만 대통령의 재선은 사실 어려워 보였어. 하지만 이승만 대통령은 재선에 성공하였단다. 어떻게 된 일일까?

6.25전쟁으로 인해 대한민국 정부는 서울을 버리고 부산을 임시 수도로 삼았어. 국회의원들도 버스를 타고 부산에 있는 임시국회로 출근을 하였지. 그러던 중 이승만 대통령은 개헌을 반대하는 국회의원 버스를 통째로 납치하여 구속하였어. 구속의 이유는 당시 전쟁 중이던 북한과 내통했다는 것이었어. 이후 이승만 대통령은 국회를 여러 차례 압박하여 결국 헌법의 내용을 바꾸게 돼.

그에 따라 대통령선거 방식이 간접선거에서 직접선거로 바뀌게 되지. 선거일은 개헌일로부터 1개월 후로 정해졌어. 새로운 후보자가 자신을 대중에게 알리기에는 부족한 시간이었지.

직선제로 바뀐 2대 대통령선거에서 이승만 대통령은 재선에 성공하게 돼. 4년 후인 1956년, 이승만 대통령은 대통령을 두 번까지 할 수 있다는 당시 헌법 내용으로 인해 3대 대통령선거에 출마할 수 없었어. 권력을 놓치기 싫었던 이승만 대통령은 "초대 대통령에게는 대통령을 두 번까지 할 수 있다는 헌법의 내용을 적용하지 아니한다"는 개헌안을 국회에 제출하였어.

헌법의 내용은 국회의 동의를 얻어야 바뀔 수 있었지. 이승만 대통령이 제출한 개헌안을 통과시킬 것인지에 대한 투표가 국회에서 실시되었어. 개헌안이 통과되려면 전체 국회의원 203명의 3분의 2 이상, 즉 136명이 개헌안에 찬성해야 했지. 투표 결과 놀랍게도 개헌안 통과에 필요한 표가 1표 모자라 개헌안은 통과되지 못하게 돼.

사사오입
당시 집권당은 국회의원 총 인원인 203명의 3분의 2는 135.333인데 이를 반올림하면 135명이 된다는 논리를 들어 개헌안을 통과시켰어.

이승만 대통령은 결과를 받아들였을까? 그렇지 않아. 당시 집권당은 사사오입의 논리를 들어 판결을 번복하고 개헌안을 통과시켰어. 이에 따라 이승만 대통령은 대통령선거에 다시 한 번 나설 수 있게 되었고 3선에 성공하게 돼.

1960년, 상대 당의 대통령 후보가 갑작스럽게 사망하면서 이승만 대통령의 4선이 확실시되었어. 그러나 이승만 대통령과 달리 이승만 대통령이 속한 정당의 이기붕은 부통령 당선 여부가 불투명하였지. 현재와 다르게 당시에는 부통령도 함께 선출하였는데 대통령과 함께 부통령 자리도 중요하였어.

그래서 이승만 정권은 이기붕을 부통령에 당선시키기 위해 온갖 방법을 동원하였지. 정치깡패를 동원하여 상대 당 후보가 출마하는 것을 방해하는 것은 물론 유권자들에게 돈이나 물건을 주면서 이승만 정부에 투표하게 하기도 하였어. 또한 투표함에 미리 표를 집어넣거나 3명, 6명씩 짝을 지어서 서로의 표를 검사하게도 했지.

이렇게 대통령과 부통령을 당선시키기 위해 이승만 정권이 모든 불법적인 방법을 총동원해 1960년 3월 15일에 치른 선거를 3.15부정선거라고 해.

마침내 참다 못해 폭발한 학생과 시민들이 부정선거에 대항하여 시위

▲ 4.19혁명에 참여한 초등학생들
친구와 형, 누나들이 무자비하게 진압되는 모습을 본 초등학생들도 혁명에 참여했어.

에 참여하게 되었어. 김주열 학생도 마산에서 일어난 시위에 참여했지. 그런데 시위에 참여한 김주열 학생이 갑자기 사라져 버렸어. 실종신고 며칠 뒤 김주열 학생은 마산 앞바다에서 최루탄이 박힌 채로 발견되었단다. 김주열 학생은 시위 중 경찰이 쏜 최루탄에 맞아 죽었던 거야. 이 일로 사람들은 더욱 분노하여 시위는 전국적으로 일어나게 되었지.

1960년 4월 19일, 회사원을 비롯하여 초등학생들까지 거리로 쏟아져 나왔어. 이승만 정권은 처음 시위를 무력으로 진압하였으나 시위는 더욱 거세졌어.

결국 이승만 대통령은 대통령 자리에서 물러나게 되었고 3.15부정선거

▲ 4.19학생혁명 기념탑
탑의 가운데에 학생의 모습을 한 철 조각상과 비문이 놓여 있어.

는 무효가 돼. 이를 4.19혁명이라고 한단다.

4.19혁명은 우리나라 민주주의를 지킨 최초의 민주화운동이었다는 점에서 역사적으로 큰 의의를 지니고 있어.

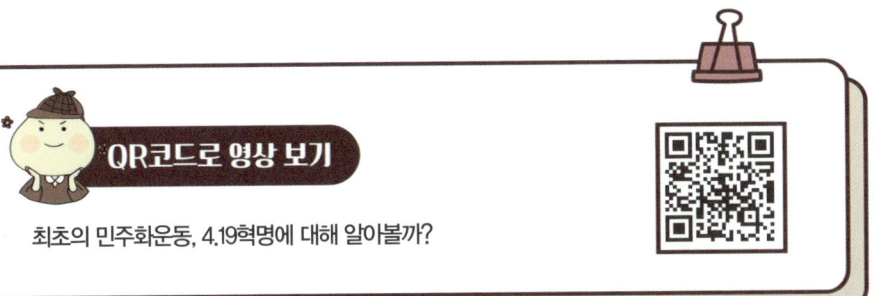

만두 탐정의 사건 돋보기

우리나라 최초의 민주화운동은 왜 일어났을까?

① 3대 대통령 선거를 앞두고… 이승만 대통령은 개헌안을 제출한다.

초대 대통령은 대통령 무제한으로 할 수 있게 합시다.

② 개헌안 찬성에 1표가 모자라 무효가 되려는 그때…

반올림 논리를 들며 판결을 번복하고 개헌안을 통과시킨다.

③ 그렇게 이승만 대통령은 3선에 성공하고 1960년 4선을 앞두게 된다.

나는 확실한데… 이기붕 부통령 후보의 당선이 불확실하군.

④ 3.15부정선거 당시

유권자들에게 돈이나 물건을 주기.

투표함에 미리 표를 집어넣기.

3명 6명씩 짝을 지어서 서로의 표를 검사하기.

⑤ 참다 못해 폭발한 학생, 시민들이 부정선거에 대항하여 시위에 참여하고…
시위에 참여하던 김주열 학생 일로 시위는 전국적으로 퍼지게 된다.

⑥ 1960년 4월 19일

결국 이승만 대통령은 자리에서 물러났고 3.15부정선거는 무효가 된다.

이를 **4.19혁명**이라 한다.

 # 우리나라에는 대통령을 5번 한 사람이 있다?!

4.19혁명으로 이승만 정권을 무너뜨린 국민의 민주주의에 대한 열망은 강력했어. 이러한 국민의 요구를 반영해 국회는 정부 형태를 대통령 중심제에서 의원내각제로 바꿨지. 이를 통해 장면을 총리, 대통령을 윤보선으로 하는 의원내각제 형태의 제2공화국이 출범했어.

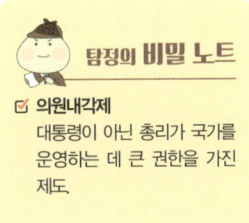
의원내각제
대통령이 아닌 총리가 국가를 운영하는 데 큰 권한을 가진 제도.

하지만 제2공화국이 출범한 지 1년이 채 안 된 1961년 5월 16일, 소장 박정희를 중심으로 한 쿠데타 세력이 반공, 친미, 경제 재건을 명분으로 삼아 군사 정변을 일으켰어. 이를 5.16군사정변이라고 한단다.

◀ **5.16군사정변**
육군사관학교 출신 장교들이 주축이 되어 정변을 일으켰어.

정변을 통해 정권을 장악한 군인들은 헌법을 다시 고쳐 대통령 중심제를 부활시켰어. 1963년 정변의 주역 박정희는 군복을 벗고 민주공화당의 대통령 후보로 출마했어. 그리고 대통령선거에서 야당 후보였던 윤보선을 15만 표 차로 제치고 제5대 대통령에 당선되었지.

박정희 대통령은 1967년 대통령선거에서 야당 후보인 윤보선을 또 한 번 누르고 재선에 성공하게 돼. 1971년 대통령선거에도 박정희 대통령은 출마하고 싶었지. 하지만 헌법이 발목을 잡았어. 당시 우리나라 헌법 규정상 대통령은 세 번 이상 할 수가 없었단다. 이승만 대통령은 세 번 이상 대통령을 하지 않았냐고?

맞아! 이승만 대통령은 초대 대통령 예외 사항을 두어 헌법의 내용을 적용받지 아니한다는 개정안을 통과시켜 대통령을 세 번 이상 할 수 있었어. 그러니까 이때까지는 초대 대통령인 이승만 대통령을 제외하고는 그 누구도 대통령을 세 번 이상 할 수 없었던 거야.

▼ 박정희 대통령

박정희 대통령은 대통령선거에 출마하기 위하여 이승만 대통령과 같은 방법을 사용하였어. 박정희 대통령은 3선 개헌을 강행하였고 개헌안은 통과되었어. 이로써 1971년 대통령선거에도 출마할 수 있던 박정희 대통령은 선거에서 승리하고 5대, 6대에 이어 우리나라 7대 대통령이 되었어.

1972년 10월에는 헌법을 또 바꿔 대통령을 할 수 있는 횟수에 제한을 두지 않았으며 이와 함께 대통령 직선제를 간선제로 바꾸었지. 박정희 대통령은 자신이 바꾼 헌법을 '새롭게 한다'는 뜻의 유신을 붙여 유신헌법이라고 명명했어.

유신헌법은 박정희 대통령에게 강력한 힘을 주는 동시에 장기 집권의 길을 열어 주었지. 1979년 10월, 유신정권에 대한 그동안의 불만이 봇물 터지듯이 터져 나오고 말았어. 부산과 마산에서 학생들과 시민들이 유신 철폐를 외치며 반독재 시위를 격렬하게 전개하였지.

시위를 진압할 방법을 놓고 정권 내부에서 강경파와 온건파가 대립하며 알력 다툼이 발생해. 이 과정에서 박정희 대통령은 심복이었던 중앙정보부장 김재규가 쏜 총에 맞아 살해되고 그와 함께 유신정권도 끝이 나게 된단다.

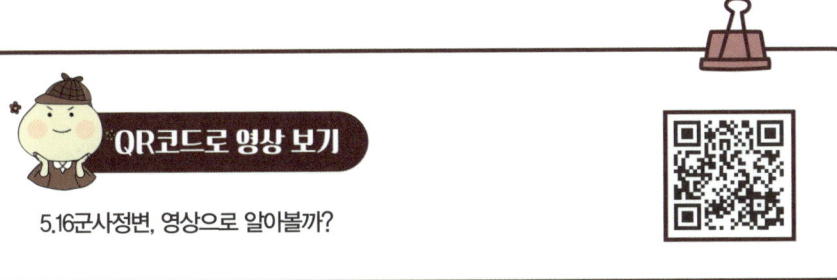

QR코드로 영상 보기

5.16군사정변, 영상으로 알아볼까?

만두 탐정의 사건 돋보기

5.16군사정변 그 이후…

- **1963년** 5대 대통령 박정희 당선.
- **1967년** 6대 대통령 박정희 당선.
  - 6차 개헌(대통령 2번을 3번까지 할 수 있도록)
- **1971년** 7대 대통령 박정희 당선.
  - 유신헌법(임기 6년, 간접선거, 당선 무제한)
- **1972년** 8대 대통령 박정희 당선.
  - 임기 6년 지났으니 간접선거 실시
- **1978년** 9대 대통령 박정희 당선.
- **1979년 10월**
  - **부마항쟁**
  - 부산과 마산에서 학생들과 시민들이 유신 철폐를 외치며 반독재 시위를 격렬하게 전개.
- **1979년 10월** 유신정권이 막을 내림.

 # 광주와 대구의 518 버스는 어떤 기억을 안고 달릴까?

전두환은 5.16군사정변 때 박정희를 지지하여 박정희의 신임을 얻게 되었어. 박정희 대통령이 피살된 이후, 전두환은 해당 사건에 대한 합동 수사를 맡게 돼. 이 과정에서 전두환을 중심으로 하는 신군부는 당시 육군참모총장이었던 정승화를 박정희 대통령 암살 사건에 관여했다는 이유로 체포하고 군대 내 권력을 장악하였지. 이를 12.12사태라고 해.

▼ 전두환 소장

군권을 가진 전두환은 당시 최고의 권력기관인 중앙정보부장직까지 맡으며 나라의 권력을 장악하게 되었어. 신군부의 정권 장악에 맞서 1980년 5월의 봄날, 서울역 광장에 10만 명이 넘는 학생, 시민들이 모여 민주화를 외쳤어.

시민들의 바람과는 달리 정권을 장악한 신군부는 5월 17일 자정을 기해 비상계엄을 전국적으로 확대했어. 이에 따라 모든 정치 활동이 금지되고, 대학에는 휴교령이 내려져.

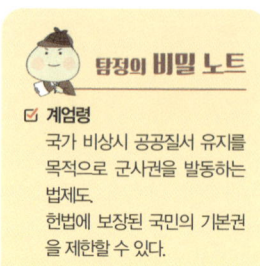

탐정의 비밀 노트

☑ **계엄령**
국가 비상시 공공질서 유지를 목적으로 군사권을 발동하는 법제도.
헌법에 보장된 국민의 기본권을 제한할 수 있다.

1980년 5월 18일, 광주에서 계엄령 철폐와 민주화를 요구하는 대규모 민주화운동이 일어났어. 전두환은 시위를 진압할 계엄군을 광주로 보냈지. 전두환의 군사 독재에 맞서 일어난 시위는 계엄군과 시민군의 충격전으로 발전하게 돼.

시민군은 곧 진압되었고 이 과정에서 수많은 사상자가 발생했어. 5월 18일부터 27일까지 10일 동안 계속된 싸움은 계엄군이 전라남도청을 공격해 강제로 진압하면서 끝이 나게 되었단다.

군인들이 통제하여 당시 다른 곳에 사는 사람들은 광주에서 무슨 일

위르겐 힌츠펜터

▶ **5.18 민주화운동**
광주 시민들은 버스 등 다양한 차량을 가지고 실탄으로 무장한 계엄군에 대치했어.

이 벌어지고 있는지 전혀 알지 못했다고 해. 당시 신문과 텔레비전에서는 "폭도들과 빨갱이들이 날뛰는 무법천지 광주를 우리 용감한 군인들이 진압하고 있다"는 식으로 사건을 보도하였지.

전두환 대통령 ▲

5.18민주화운동은 독일 기자였던 위르겐 힌츠펜터가 위험을 무릅쓰고 광주에 들어가 민주화운동을 취재하고 이를 독일 방송에 내보내면서 세상에 알려지게 되었어.

5.18민주화운동을 무력으로 진압한 전두환은 11대 대통령선거 후보로 단독 출마했고 1980년 9월 1일 대한민국 11대 대통령으로 취임하게 돼. 11대 대통령선거는 지난 정권이 대통령을 선출하기 위해 적용한 간선제 방식으로 치러졌단다.

QR코드로 영상 보기

영상으로 5.18민주화운동에 대해 알아볼까?

만두 탐정의 사건 돋보기

5.18민주화운동 TALK

 전두환

12.12사태 이후로 권력을 잡게 되었지. 최고의 권력기관인 중앙정보부의 부장직까지 맡았으니 이제 겁날 것이 없도다.

(1980년 5월 17일 자정을 기해 비상계엄을 전국적으로 확대합니다. 이에 따라 모든 정치 활동 금지, 모든 대학은 휴교임을 알려 드립니다.)

시민1

5월 18일 여기는 광주. 계엄령 철폐와 민주화를 요구하는 대규모 민주화운동을 일으킵시다! 군사 독재에 맞서야 합니다.

 계엄군

우리는 시위를 진압하러 왔다.

(9일 동안 계속된 싸움으로 많은 사상자가 발생했고, 계엄군이 전라남도청을 공격해서 강제로 진압하며 끝이 났습니다.)

시민2

군인들이 통제하여 당시 다른 곳에 살고 있던 저는 광주에서 무슨 일이 벌어지고 있는지 전혀 알지 못했습니다.

 전두환

시위를 진압한 나는 1980년 9월 1일, 대한민국 11대 대통령으로 취임하게 된다오.

 마침내 민주화의 꽃이 피다

1987년 1월, 경찰은 민주화운동에 참여했던 서울대학교 학생 박종철을 불법 체포하여 고문하다 사망에 이르게 하였어. 경찰은 "심문 도중에 수사관이 책상을 치자 박종철이 '억' 하는 소리를 내며 쓰러졌다"고 언론에 발표하였지.

이후 부검의의 증언과 언론 보도 등으로 의혹이 제기되자 경찰은 폭행과 물고문 사실을 공식 인정해. 박종철을 추모하여 일어난 집회를 경찰은 불법집회로 규정하고 강제 해산시켰어.

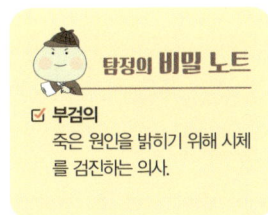

탐정의 비밀 노트

☑ **부검의**
죽은 원인을 밝히기 위해 시체를 검진하는 의사.

하지만 이 사건은 전두환 정권의 정당성에 큰 타격을 주고 민주화운동의 불꽃을 타오르게 했어.

1987년 4월 13일, 전두환 정부는 직선제 내용이 포함되도록 헌법을 바꿔야 한다는 국민의 요구를 받아들이지 않겠다고 발표했어. 자신이 대통령으로 선출된 11대, 12대 대통령선거와 같이 13대 대통령선거도 체육관에서 간선제 방식으로 치르겠다는 뜻이었어.

직선제를 염원하는 시민들은 거리로 뛰쳐나와 '호헌 철폐', '독재 타도'를 외쳤어. 이러한 시위 과정에서 연세대학교 학생 이한열이 경찰이 쏜 최루탄에 맞아 사망하는 일이 발생하며 국민의 분노와 민주화 열망은 극에 달하게 돼.

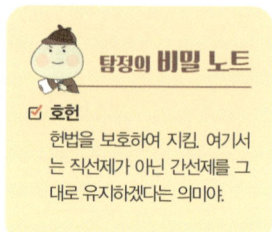

탐정의 비밀 노트

☑ **호헌**
헌법을 보호하여 지킴. 여기서는 직선제가 아닌 간선제를 그대로 유지하겠다는 의미야.

산발적으로 전개되던 민주화 투쟁이 전국 곳곳에서 일어나게 되었어. 6월 10일 시위에는 전국 18개의 도시에서 학생뿐 아니라 넥타이 부대로 불리는 직장인들도 대거 참여하였는데 이를 6월 민주항쟁이라고 한단다.

▲ **6월 민주항쟁**
전국에서 일어난 민주화 시위에 군사 정권은 결국 무릎 꿇게 돼.

▶ **6.29선언**
당시 여당 대표였던 노태우가 정부에 건의하는 방식으로 이루어졌어. 대통령 전두환이 노태우가 제안한 내용을 모두 받아들이며, 이후 대통령을 국민들의 투표로 직접 선출하는 직선제가 시행되게 돼.

국민들의 거센 저항에 마침내 6월 29일, 당시 여당 대표였던 노태우는 직선제를 포함한 민주화 요구를 받아들이겠다고 발표했어. 이것을 6.29 선언이라고 해.

그 결과 대통령을 국민이 직접 투표하여 뽑을 수 있게 돼. 국민의 힘으로 민주화를 쟁취한 거야.

 QR코드로 영상 보기
6월 민주항쟁으로 무엇이 달라졌을까?

만두 탐정의 사건 돋보기

✅ **HINT** 6.29선언, 직선제, 6월 민주항쟁

세 컷으로 정리하는 민주화 과정

1987년 4월 13일

호헌철폐 발표 후 거리에는 _____를 염원하는 시민들의 시위가 이어졌다.

1987년 6월 10일

전국 18개의 도시에서 민주화 열망을 담은 _____이 일어났다.

1987년 6월 29일

직선제를 포함한 민주화 요구를 받아들이겠다고 발표했다. 이것을 _____이라 한다.

정답: 직선제, 6월 민주항쟁, 6.29선언

한강의 기적
대한민국, 다시 일어서다!

6.25전쟁 이후 우리나라의 경제 상황은 매우 좋지 못하였어. 전쟁으로 많은 사람이 죽고 산업 시설이 파괴되면서 우리나라는 세계에서 가장 가난한 나라 중 하나로 전락하게 돼.

박정희 대통령은 집권 후, 경제를 성장시키기 위해 수출에 집중하였어. 1950년대까지 우리나라에서 가장 발달한 산업은 무엇이었을까? 맞아! 농업이었지. 농업이 중심이었던 나라에 중화학 공업에 필요한 기계나 공장이 존재할 리 없었지. 중화학 공업은 돈 또한 많이 필요했기 때문에 당시 우리나라 경제 상황에 맞지 않았어.

그래서 정부는 우리나라에 맞는 경제 전략을 세웠지. 당시 우리나라는 일할 수 있는 사람이 많았어. 1960년대 정부는 기술을 갖추지 않은 사람들도 만들기 쉬운 가벼운 제품을 주로 만들게 하였는데 이를 경공업이라고 한단다. 경공업의 대표 상품으로는 가발, 옷, 신발 등이 있어. 특별한 기술이 없었던 사람들은 자신의 피와 머리카락까지 팔며 돈을 벌기도 하였어.

결과는 어땠을까? 놀라지 마! 경공업 중심의 수출 정책은 큰 성공을 거

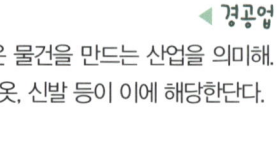
◀ 경공업
가벼운 물건을 만드는 산업을 의미해. 가발, 옷, 신발 등이 이에 해당한단다.

두었어. 그와 함께 우리나라의 경제도 성장하기 시작해.

경공업으로만 경제 성장을 이룬 건 아니야. 가족과 나라를 위해 외국으로 건너가 외국에서 직접 돈을 벌어 오는 사람들도 있었어. 그들은 외국에서 어떤 일을 하였을까?

독일인들은 위험하고 더러운 일을 하기 싫어하였어. 우리나라 사람들이 독일인을 대신하여 그 일을 하였고 돈을 벌었어. 대표적인 직업이 광부와 간호사야. 그들은 열심히 일하며 힘겹게 돈을 벌었지. 군인들도 위험을 무릅쓰고 돈을 벌기 위하여 베트남 전쟁에 참여했지. 타국의 위험하고 힘든 근무 환경에서 일한 그들 덕분에 우리나라의 경제는 크게 성장할 수 있었단다.

1970년대부터 박정희 대통령은 새로운 경제 정책을 선언하였어. 경공업 중심의 산업 체계를 바꾸기로 한 거야. 경공업 중심의 수출 정책이 성공

▶ **파독 광부**
당시 광부들의 임금은 한국 직장인 평균보다 8배가량 많았다고 해. 타지에서 열심히 일해 받은 임금의 대부분을 그들은 한국에 있는 가족에게 보냈다고 해.

하였음에도 정책이 변한 까닭은 무엇이었을까?

그건 우리나라 물건이 세계 시장에서 어떻게 성공할 수 있었는지를 생각해보면 알 수 있어. 1960년대 우리나라의 물건이 잘 팔렸던 이유가 우리나라 사람들이 정성스레 물건을 만들었기 때문일 수도 있어. 하지만 이보다 더 큰 이유가 있었지. 그건 당시 우리나라 물건이 다른 나라 물건에 비해 저렴했기 때문이야.

우리나라의 많은 물건이 세계에 수출되었지만 저렴한 가격 탓에 실제 손에 들어오는 돈은 많지 않았어. 경공업 중심의 산업 체계가 한계를 맞이한 거야. 이때부터 우리나라는 경공업 대신 중화학 공업에 집중하게 돼. 중화학 공업은 경공업에 비해 많은 돈과 고도의 기술이 필요했어. 그래서 정부는 중화학 공업에 필요한 기술을 갖춘 고급 인력을 키우고자 기술 훈련 센터, 기술 공업 고등학교 등을 새롭게 만들었지.

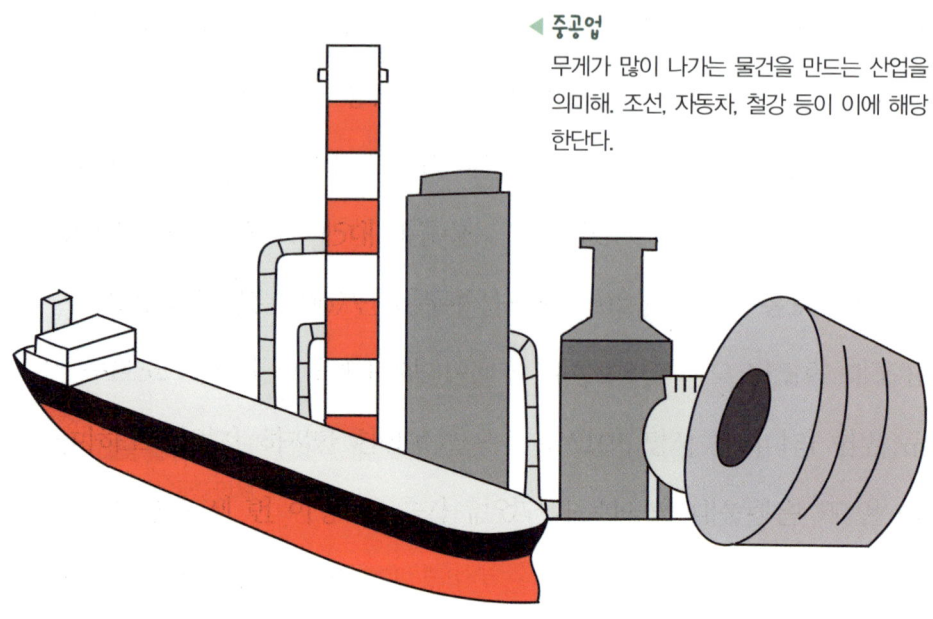

◀ **중공업**
무게가 많이 나가는 물건을 만드는 산업을 의미해. 조선, 자동차, 철강 등이 이에 해당한단다.

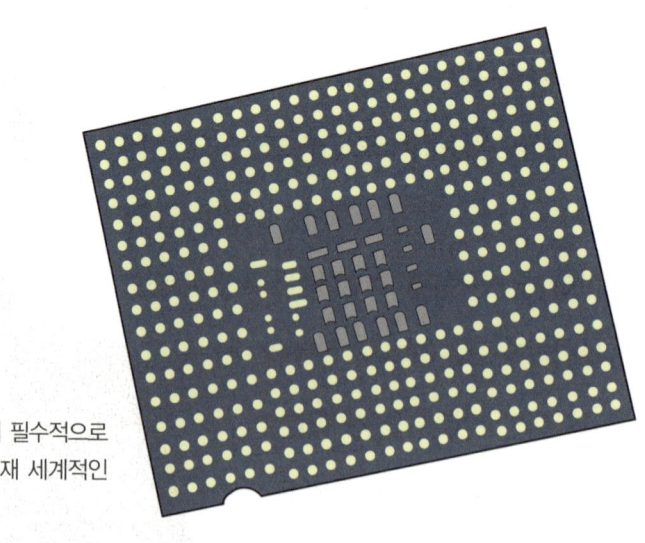

▶ **반도체**
반도체는 통신장비와 기기에 필수적으로 들어가 있어. 우리나라는 현재 세계적인 반도체 제조국 중 하나야.

이러한 노력의 결과 우리나라 산업 내 중화학 공업의 비중은 점차 늘어났어. 특히 철강과 석유 화학 그리고 조선 산업에서 큰 성장을 이루었지. 그 결과 우리나라는 수출 100억 달러 달성이라는 놀라운 성과까지 이루어내게 된단다.

이후 우리나라는 반도체와 첨단 산업 그리고 문화 산업 등 다양한 분야에서 큰 성공을 거두며 경제 선진국의 위치에 진입하게 돼.

미국의 원조를 통해 버티던 나라가 경제 성장에 대한 국민들의 강한 열망과 노력으로 현재는 다른 나라를 지원하는 나라로 바뀌게 된 거지.

우리나라의 급격한 경제 성장은 '한강의 기적'이라고 불리며 세계 여러 나라 사람들의 부러움을 샀어. 짧은 기간 내 이루어 낸 초고속 경제 성장, 하지만 이것은 과연 좋기만 한 것이었을까?

만두 탐정의 사건 돋보기

☑ **HINT**   수출 100억, 농업, 반도체, 기술

초고속 경제 성장을 이룬 대한민국

1950년대 까지

농업 중심 산업
_____ 중심의 산업이 발달하였다.

1960년대

경공업 중심 산업
_____ 을 갖추지 않은 사람들도 만들기 쉬운 가벼운 제품을 만들어 수출하였다.

타국에서 경제 활동
가족과 나라를 위해 외국으로 건너가 외국에서 직접 돈을 벌어 오는 사람들도 있었다.
파독 광부와 간호사, 군인 등이 있었다.

1970년대

중화학공업 중심 산업
중화학 공업에 필요한 기술을 갖춘 고급 인력을 키우고자 기술 훈련 센터, 기술 공업 고등학교 등을 새롭게 만들었고 _____ 을 달성하게 된다.

이후

첨단 산업, 문화 산업 등
_____ 와 첨단 산업 그리고 문화 산업 등 다양한 분야에서 큰 성공을 거두며 경제 선진국의 위치에 진입하게 된다.

정답: 농업, 기술, 수출 100억, 반도체

 경제 성장의 그늘, 우리가 나아가야 할 방향은?

1960년대부터 우리나라는 수출을 가장 중요시하였어. 먼저 물건을 만들어야 수출을 할 수 있겠지? 물건은 어디서 만들었을까? 바로 공장이었어. 공장은 일할 사람이 필요했어. 당시의 사람들은 일자리를 찾기 위해 공장이 있는 도시로 몰려들었지. 도시로 사람이 빠져나가며 농촌은 점차 소외되고 가난해져만 갔어.

이러한 농촌을 부흥시키기 위해 새마을운동이 시행되었어. 새마을운동을 통해 농촌의 환경이 많이 개선되었지. 마을 길은 넓어지고 초가집 지붕은 슬레이트 지붕으로 바뀌게 되었어. 하지만 빠져나가는 농촌 인구를

◀ **새마을운동 로고**
새마을운동 로고는 노란색 동그라미 안에 초록색 새싹을 담고 있어. 노란색 원은 협동과 무한한 가능성을, 녹색의 잎과 싹은 근면과 희망 등을 상징한다고 해.

붙잡을 수는 없었단다.

농촌에서 도시로 간 노동자들은 행복한 삶을 살았을까?

정부에서 정한 수출 목표액을 달성하기 위해 공장의 노동자들은 충분히 쉬지 못하고 계속 일하였어. 열악한 노동 환경을 탓할 시간도 그들을 위해 목소리 내어 줄 사람도 당시에는 없었지.

그들은 적은 월급을 받으며 먼지가 나는 좁은 공간에서 오랜 기간 일을 하여야만 했어. 그들에게 인권이란 존재하지 않았지. 이때 전태일이라는 청년이 등장했어. 그는 근로기준법이 있다는 사실을 알게 되었고 이를 공부하였어. 그리고 법에 따라 노동 환경을 개선할 것을 요구하였지.

오늘날 우리나라 근로자들은 일반적으로 평일 5일을 근무하고 주말 이틀을 쉬고 있지. 그런데 당시에는 노동자들에게 이러한 휴식이 주어지지 않았어. 그래서 전태일은 이렇게 요구하였어.

매주 일요일이 아닌 한 달에 2번만이라도 일요일은 노동자들이 쉴 수 있는 환경을 만들어 달라고 말이야.

▼ 도시 노동자

그의 요구는 받아들여졌을까? 전태일의 요구는 당시 법에 따라서도 받아들여져야 할 내용이었어. 하지만 놀랍게도 전태일의 요구는 받아들여지지 않았어.

실망한 전태일은 어떤 행동을 취하였을까? 전태일은 근로기준법을 준수하라는 말을 남기며 분신을 택하게 돼. 그는 누군가의 희생이 있어야만 이 문제에 사람들이 관심을 가질 것으로 생각하고 자신의 목숨을 내던진 것 같아. 그의 죽음 이후, 근로 조건이 개선되고 노동자들의 권리는 점차 보호받기 시작하였지.

▲ 전태일
그의 희생은 대한민국의 노동 환경 개선에 큰 영향을 끼쳤어.

◀ 노동자 시위
당시 노동자들은 좁은 공간에서 오랜 시간 노동을 해야만 했어.

이와 같이 경제 성장 과정에서 그늘도 있었지만 우리나라는 놀라울 정도로 빠른 경제 성장을 이루어내며 선진국의 반열에 오르게 되었어. 덕분에 우리는 이전과 비교하여 풍족한 삶을 누릴 수 있게 되었지. 현재는 k-pop, k-드라마 등 한류 열풍이 전 세계에 불어 우리나라는 문화 선진국으로도 우뚝 서게 되었단다. 우리가 이런 대한민국 국민이라는 것이 자랑스럽지 않니?

우리는 우리나라와 우리나라의 역사를 소중하고 자랑스럽게 생각하는 한편 우리나라가 현재 직면하고 있는 문제점들 또한 해결해야 할 의무가 있어. 우리 모두가 대한민국의 역사를 함께 써 내려갈 존재들이기 때문이지. 저출산과 고령화 문제는 우리 사회의 심각한 문제야. 북한과 평화적으로 통일을 하는 것도 우리에게 남겨진 역사적 사명이지. 그 외에도 우리나라는 현재 여러 문제들에 직면하고 있어.

그런데 이러한 문제들의 해답을 우리는 어디에서 찾을 수 있을까? 그 해답은 바로 역사야. 과거의 이야기들은 우리에게 앞으로 나아가야 할 방향을 알려줄 수 있는 힘이 있단다. 이것이 우리가 역사를 끊임없이 연구하고, 역사에 관심을 가져야 하는 이유야. 역사를 우리 모두가 소중히 여긴다면 우리는 과거를 딛고 한 걸음 더 나아가 여러 방면에서 더욱 눈부시게 성장할 수 있을 거야.

뭐? 벌써부터 대한민국의 멋진 미래가 그려진다고? 하하!

그럼, 나, 만두 탐정과 대한민국의 밝은 미래를 같이 그려나가는 건 어때?

만두 탐정의 사건 돋보기

✅ **HINT** 한류 열풍, 전태일, 새마을 운동, 노동자

경제 성장의 그늘과 현재 우리의 모습은?

농촌을 부흥시키기 위해 _____ 이 시행되었으나 빠져나가는 농촌 인구를 붙잡을 수는 없었어.

공장의 _____ 들은 충분히 쉬지 못하고 계속 일했어.

근로기준법을 준수하기 위해 투쟁한 _____ 의 희생으로 근로 조건이 개선되고 노동자 권리는 점차 보호받기 시작했어.

현재 k-pop, k-드라마 등 _____ 이 전 세계에 불어 우리나라는 문화 선진국으로도 우뚝 서게 되었어.

정답: 새마을운동, 노동자, 전태일, 한류열풍

| 도판출처 |

· 게티이미지 코리아 283, 304, 307, 312, 316, 318, 321, 327
· 경주시 관광자원 69, 70(상), 71, 73(우), 73(좌), 76, 77(상1), 77(상2), 77(하), 191
· 국립고궁박물관 소장 9(하), 131, 133(좌), 133(우), 136(상), 136(중)
· 국립민속박물관 9(상1), 65, 66(하2), 100, 107(상), 183(상2)
· 국립전주박물관 178
· 국립중앙박물관 8, 9(상2), 10, 21, 24, 27(좌), 27(우), 44, 55(좌), 55(우), 60(상), 61, 64(우), 66(상3), 66(중1), 66(중2), 66(하), 67, 70(중), 104(상), 105, 107(하), 119, 134, 140, 160, 172, 183(상1), 183(하1), 183(하2), 192, 194, 204, 223
· 국사편찬위원회 195, 198, 206, 219, 222, 236, 238, 240, 241(상), 241(하), 252, 258, 284, 288, 289, 294, 296, 297, 298, 305
· 대한민국역사박물관 207
· 독립기념관 242, 247, 263, 267, 268, 270, 271
· 동북아역사재단 58, 59, 66(상1)
· 문화재청 국가문화유산포털 28, 60(하), 62(좌), 62(우), 63, 64(좌), 66(상2), 66(중3), 68, 70(하), 102, 114, 126, 136(하), 146, 167, 184, 224(하), 264(상)
· 박대헌 278
· 연합포토 72
· 이정환 74(상), 74(하)
· 전쟁기념관 49, 88, 97, 145, 264(하), 293
· 청주 고인쇄박물관 104(하)
· 한국민족문화 대백과사전 155, 157, 162, 165, 170, 171, 179, 185, 197, 214, 224(상), 259(상), 259(하)

역사탐정 만두와 함께하는
이야기 한국사

초판 2쇄 2024년 5월 25일
초판 1쇄 2023년 1월 9일
지은이 이정환 | **그린이** 김은정 | **편집기획** 북지육림 | **디자인** 이선영
제작 재영P&B | **펴낸곳** 지노 | **펴낸이** 도진호, 조소진 | **출판신고** 2018년 4월 4일
주소 경기도 고양시 일산서구 강선로 49, 916호
전화 070-4156-7770 | **팩스** 031-629-6577 | **이메일** jinopress@gmail.com

ⓒ 이정환, 2023
ISBN 979-11-90282-54-3 (73910)

- 이 책의 내용을 쓰고자 할 때는 저작권자와 출판사의 서면 허락을 받아야 합니다.
- 잘못된 책은 구입한 곳에서 바꾸어드립니다.
- 책값은 뒤표지에 있습니다.